Hallo,

dies ist bereits der fünfte neu getextete und neu fotografierte Bildatlas über Berlin, der nun wiederum schon in der fünften Auflage vorliegt. Die erste Ausgabe des Bildatlas Berlin wurde noch herausgegeben, als die Stadt geteilt war. Seitdem hat sich die deutsche Hauptstadt rasant weiterentwickelt, und ein Ende ist nicht in Sicht.

BERLIN IST IMMER ANDERS

Fast jedes Jahr gibt es in Berlin neue spektakuläre Großbauprojekte. Der neue Flughafen Berlin-Brandenburg Willy Brandt wurde im Herbst 2020 eröffnet, und das Berliner Stadtschloss avancierte unter dem Namen Humboldt Forum seit 2021 zum vielbeachteten kulturellen Treffpunkt. Seit September 2023 wurden sukzessive Teilbereiche des neuen (alten) Stadtviertels Am Tacheles in Berlin Mitte zwischen Friedrich- und Oranienburger Straße eröffnet. Noch gebaut wird am Estrel Tower, mit 176 m das höchste Gebäude in Berlin. Die Eröffnung des Hotelturms mit Restaurant und Skybar ist für Ende 2025 geplant. Die Grundsteinlegung für »berlin modern«, das neue, der Kunst des 20. Jahrhunderts gewidmete Museum im Stadtteil Thiergarten, erfolgte im Februar 2024, die Fertigstellung des von Herzog & de Meuron geplanten Baus ist für 2027 vorgesehen.

COMEBACK DES WESTENS

Nach dem Fall der Mauer wandte sich das Interesse dem Ostteil zu, der Berliner Bär steppte nun in Mitte und in Prenzlauer Berg. Allmählich – so stellen unsere Autoren Rasso Knoller und Oliver Gerhard heraus – besinnt man sich erneut auf den Westen. Ein Shoppingbummel auf dem Kudamm ist angesagter denn je, auch in Charlottenburg-Wilmersdorf oder Schöneberg werden Bausünden der Vergangenheit ausgemerzt. Der Rüdesheimer Platz in Wilmersdorf wurde einmal gar von der New York Times zum »schönsten Ort Berlins« gekürt (S. 51).

Herzlich

Ihre

Birgit Borowski

Birgit Borowski
Redaktion DuMont Bildatlas

»BERLIN, DIE GRÖSSTE KULTURELLE EXTRAVAGANZ, DIE MAN SICH VORSTELLEN KANN.«

David Bowie, britischer Musiker, Sänger, Produzent, Schauspieler und Maler (1947–2016)

Rasso Knoller und Oliver Gerhard leben schon lange in Berlin. So war dieser DuMont Bildatlas für sie Heimspiel und doch Herausforderung, denn die Stadt ändert sich laufend. Um da mithalten zu können, schwangen sie sich aufs Rad.

Auf einem der vielen Berliner Seen findet wohl jeder sein Plätzchen

Mal in dramatischer Stimmung: Reichstag und Paul-Löbe-Haus

Eines der vielen Grüns in Berlin: Treptower Park

Alte Nationalgalerie – Teil des Ensembles auf der Museumsinsel

Blaue Stunde an der Oberbaumbrücke

Unsere Favoriten

Das Beste erleben

Berührend, aufregend und spannend sind unsere Ideen, die wir für Ihren Aufenthalt in Berlin zusammengetragen haben.

Voller Bedeutung

* 1 *

BRANDENBURGER TOR

Das bedeutendste Wahrzeichen Berlins gibt auch die Kulisse für viele Großveranstaltungen.

Seite 41

* 2 *

SCHLOSS CHARLOTTENBURG

Die einstige Sommerresidenz der preußischen Könige ist das schönste aller Berliner Schlösser.

Seite 63

* 3 *

REICHSTAG

Der mächtige Bau mit seiner prägnanten Aussichtskuppel steht für wichtige Epochen der deutschen Geschichte.

Seite 64

Relaxte Bummelei

* 4 *

MUSEUMSINSEL

Auf einer Insel in der Spree beginnt der Bummel durch einige der weltweit bedeutendsten Museen – neuerdings am besten von der James-Simon-Galerie aus.

Seite 41

* 5 *

KURFÜRSTENDAMM

Die beste Adresse für Fans berühmter Labels und edler Marken – heute mehr denn je.

Seite 63

* 6 *

SPREESCHIFFFAHRT

Ob nur einmal durch Mitte oder bis nach Köpenick – beim Schiffsausflug lässt sich das vielgestaltige Berlin entspannt betrachten.

Seite 42

Frischer Schwung

*** 7 ***

POTSDAMER PLATZ

Mehr Stadtteil als Platz – für Architekturbewunderer genauso wie als Shopping- und Ausgehziel. Der Potsdamer Platz repräsentiert in jeder Weise das moderne Berlin.

Seite 64

*** 8 ***

KARNEVAL DER KULTUREN

Vier Tage lang wird die Vielfalt Berlins gefeiert. Höhepunkt ist der Umzug durch Kreuzberg, der geradezu südamerikanisches Flair verströmt.

Seite 81

Reiner Genuss

*** 9 ***

MARKTHALLEN

Es gibt sie noch: ein paar historische Markthallen vom Ende des 19. Jahrhunderts – kleine Paradiese für Gourmets.

Seite 76

*** 10 ***

KASTANIENALLEE

Prenzlauer Berg rund um Kastanienallee und Wasserturm eignet sich hervorragend für gastronomische Ausflüge.

Seite 79

*** 11 ***

WANNSEE

Die Berliner schätzen ihr Grün sehr. Zu den besonders geliebten Freizeitzielen zählt der vom Grunewald gesäumte Wannsee.

Seite 94

AN DER SPREE ENTLANG

Mit über 3,8 Mio. Einwohnern ist Berlin Deutschlands größte Stadt. Fast sieben Prozent der Gesamtfläche sind Seen oder Flüsse. An der Spree entlang führt ein Spazierweg fast durch das gesamte Zentrum. Kein Streckenabschnitt ist aber so geschichtsträchtig wie der am Reichstag.

UNTER DER KUPPEL

Dem Reichstag setzte man 1999 eine Kuppel aus Stahl und Glas aufs Dach. Aus dem von Sir Norman Foster geplanten „Aufsatz" hat man nicht nur einen fantastischen Blick über Berlin, man kann auch den Abgeordneten bei ihrer Arbeit zusehen.

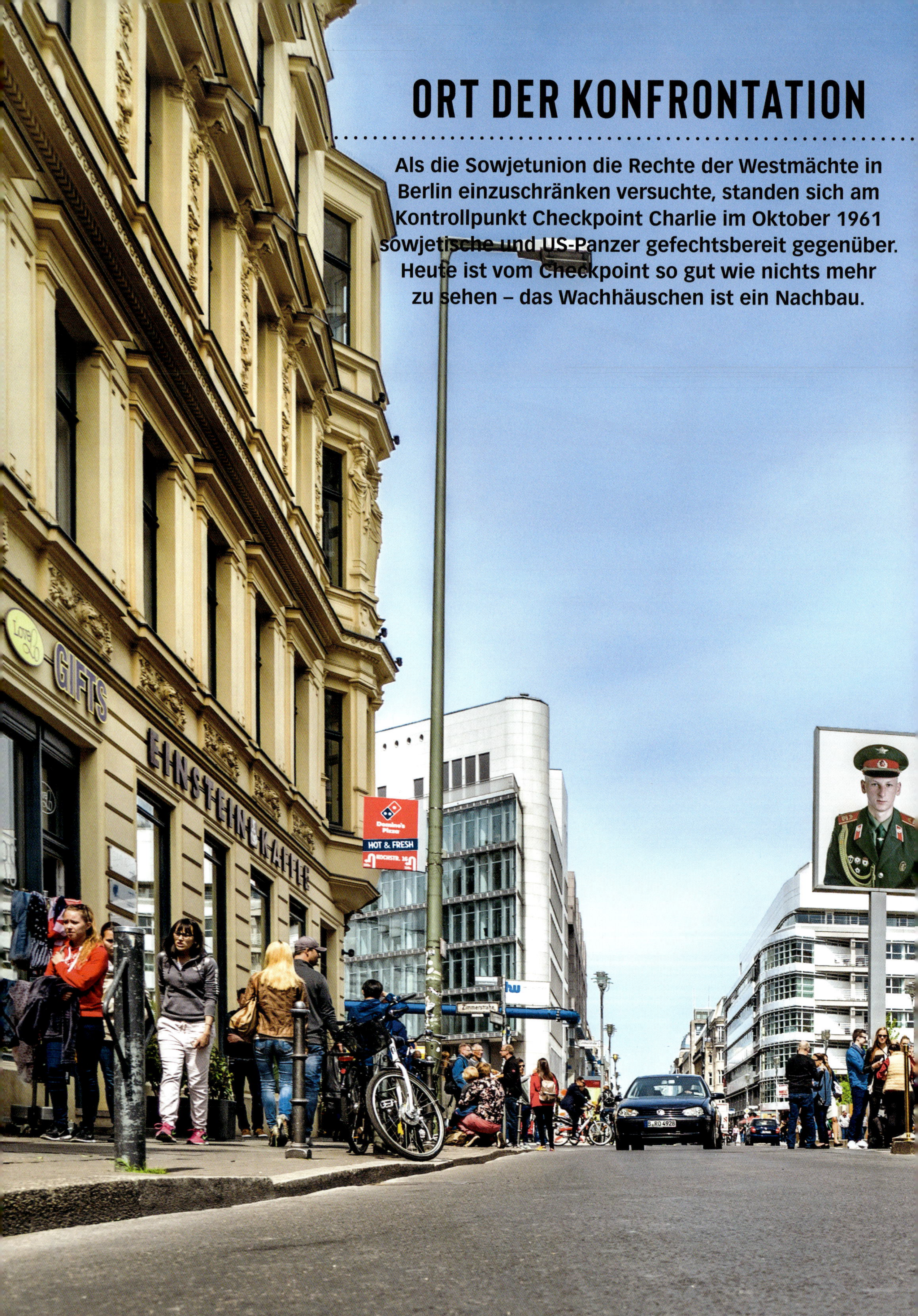

ORT DER KONFRONTATION

Als die Sowjetunion die Rechte der Westmächte in Berlin einzuschränken versuchte, standen sich am Kontrollpunkt Checkpoint Charlie im Oktober 1961 sowjetische und US-Panzer gefechtsbereit gegenüber. Heute ist vom Checkpoint so gut wie nichts mehr zu sehen – das Wachhäuschen ist ein Nachbau.

TITANIC

BERLINER HÖHENFLUG

Der Lustgarten war schon Park, Gemüsegarten – hier wuchsen die ersten Kartoffeln Preußens –, Exerzierplatz und Ort großer politischer Kundgebungen. Heute nutzen die Berliner den kleinen Park gerne für Sport und Spiel, während es Touristen eher in den Berliner Dom zieht.

MIT DEM TRABI DURCH DIE WAND

Auf 1,3 Kilometer Länge reiht sich in der East Side Gallery ein Gemälde ans andere. Kunst an ungewöhnlichen Orten ist durchaus typisch für Berlin. Der zur Ikone gewordene Trabant, der die Mauer durchbricht, stammt von Birgit Kinder.

AUS DER BRACHE

Die Mauer verlief quer über den einst verkehrsreichsten Platz Europas. In den 1990er-Jahren verwandelte sich der Potsdamer Platz von einer Brachfläche schnell zur größten Baustelle Europas. Internationale Architekten verwirklichten ihre Ideen, so auch der US-Amerikaner Helmut Jahn mit dem Sony Center, heute „Center am Potsdamer Platz" (die Sanierung des Innenbereichs ist noch nicht abgeschlossen).

Filmhaus

GOTT

KULTUR IM BLICK

Von der Strandbar am Rand des Monbijouparks hat man das Bodemuseum im Blick. Zusammen mit weiteren Museen gehört es zum Ensemble der Museumsinsel und somit zum UNESCO-Welterbe.

Musik, Theater, Show und Kabarett

BLICK ÜBER DIE KULTURSTADT

Berlinbesucher haben die Qual einer übergroßen Wahl. Das Kulturleben der Hauptstadt ist kaum zu überschauen. Diese Auswahl möchte eine kleine Hilfestellung geben.

1 Staatsoper Unter den Linden

„Sorgen Sie, dass mir der dicke Knobelsdorff melde, wie es mit meinem Opernhaus ... steht!" – mit diesen Worten soll Friedrich II. dem Baumeister seiner Hofoper Dampf gemacht haben. 1742 wurde Premiere gefeiert. Bis Anfang 2023 führte Daniel Barenboim das Haus als Generalmusikdirektor. Nach umfangreichen Renovierungsarbeiten und einem damit verbundenen „Exil" im Schillertheater spielt man mittlerweile wieder an alter Stelle Unter den Linden.

Staatsoper
Unter den Linden 7, Tel. 030 20 35 45 55, www.staatsoper-berlin.de; Kasse tgl. 12.00–19.00 Uhr und Abendkasse

2 Deutsche Oper

Unauffällig, nüchtern und gleichzeitig trutzig: Architektonisch weckt der Bau der Deutschen Oper im Stil der Nachkriegsmoderne, 1961 eröffnet, zunächst keine Begeisterung. Umso größer war zu Zeiten der geteilten Stadt die Strahlkraft des Hauses als Gegengewicht zur Staatsoper Unter den Linden. Traditionell Richard Wagner verbunden, machte sich das Ensemble auch mit Interpretationen der Klassiker und zeitgenössischer Opern einen Namen.

Deutsche Oper
Bismarckstraße 35, Tel. 030 34 38 43 43, www.deutscheoperberlin.de; Kasse Do. bis Sa. 12.00–19.00 Uhr und Abendkasse

3 Berliner Philharmonie

Das musikalische Herz Westberlins schlug immer hier. Der wie ein Zelt wirkende Bau Hans Scharouns mit leuchtend gelber Fassade wurde 1963 eröffnet – und hat bis heute nichts von seiner Dramatik verloren. Er ist die Heimat der Berliner Philharmoniker, die unter Herbert von Karajan zu Weltruhm gelangten. „Bei den Berliner Philharmonikern ist garantiert, dass die Musiker alles geben, immer!", lobte Chefdirigent Sir Simon Rattle sein Orchester, dessen Nachfolge 2019/20 Kirill Petrenko antrat.

Berliner Philharmonie
Herbert-von-Karajan-Straße 1, Tel. 030 25 48 89 99, www.berliner-philharmoniker.de; Kasse Mo.–Fr. 9.00–16.00, So. 11.00–14.00 Uhr und Abendkasse

4 Konzerthaus Berlin

Eingerahmt von Deutschem und Französischem Dom, dominiert das Konzerthaus Berlin den Gendarmenmarkt. Sein Innenraum wurde bis 1984 neu geschaffen – mit einer herausragenden Akustik. Musik nahebringen, lautet ein Motto des Hauses. Man kann bei einer Konzertreihe mitten im Orchester Platz nehmen oder bei öffentlichen Proben Geschichten zu den gespielten Werken lauschen. Die Palette reicht vom Sinfoniekonzert über Kammermusik und Musiktheater bis zu Kinderkonzerten.

Konzerthaus Berlin
Gendarmenmarkt, Tel. 030 203 09 21 01, www.konzerthaus.de; Kasse Mo.–Sa. 12.00–18.00, So. 12.00 bis 16.00 Uhr und Abendkasse

5 Berliner Ensemble

Die Namen Bertolt Brecht und Helene Weigel sind bis heute mit dem Berliner Ensemble verbunden. Die beiden Künstler gründeten das Ensemble 1948 – und gaben die Richtung vor, die bis heute Gültigkeit hat: „Empathie mit den Schwachen und Demaskierung der Mächtigen". Seit 1954 dient das 1892 errichtete Theater am Schiffbauerdamm als feste Spielstätte. Viele Stücke sind Dauerbrenner – zum Beispiel Brechts „Der aufhaltsame Aufstieg des Arturo Ui" mit rund 400 Vorstellungen.

Berliner Ensemble
Theater am Schiffbauerdamm, Bertolt-Brecht-Platz 1, Tel. 030 28 40 81 55, www.berliner-ensemble.de; Kasse Mo.–Sa. 10.00–18.30 Uhr und Abendkasse

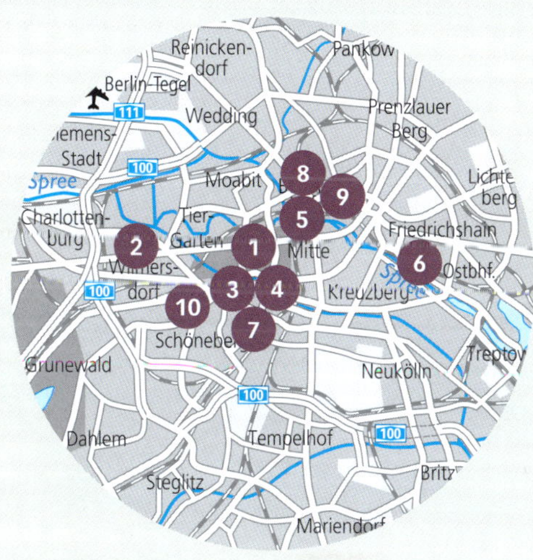

6 Berliner Kriminaltheater

„Die Mausefalle" von Agatha Christie, „Arsen und Spitzenhäubchen" und sogar „Der Name der Rose": Im Berliner Kriminaltheater in den Räumen eines denkmalgeschützten Umspannwerks geht es meistens um Kapitales. Dem Genre, das in Literatur und Fernsehen äußerst populär ist, wurde in Berlin ein eigenes Theater gewidmet. Zur Aufführung kommen nicht nur Klassiker wie „Der Mörder ist immer der Gärtner", sondern auch aktuelle Bestseller wie von Jussi Adler-Olsen.

Berliner Kriminaltheater
Palisadenstraße 48, Tel. 030 47 99 74 88, www.kriminaltheater.de; Kasse Mo., Mi., Sa. 15.00–19.00 Uhr und Abendkasse

7 Tempodrom

Die Mauer stand nur wenige Meter entfernt, als 1980 die Event-Location Tempodrom in Kreuzberg als einfaches Zirkuszelt errichtet wurde. Gut 20 Jahre später entwarf das Architekturbüro Gerkan, Marg und Partner ein 35 Meter hohes Pendant aus Beton auf dem Gelände des Anhalter Bahnhofs, das bis heute zu den Wahrzeichen der Berliner Skyline zählt. Im Angebot sind Konzerte (auch Wolfgang Niedecken trat hier auf, Abb.) und Musicals, Comedy, Eisrevuen – und sogar Zirkus.

Tempodrom
Möckernstraße 10, Tel. 01806 55 41 11 (kostenpflichtige Tickethotline), www.tempodrom.de; Abendkasse eine Stunde vor Veranstaltungsbeginn

8 Friedrichstadt-Palast

Sie werfen die Beine, wirbeln über die Bühne, schweben durch die Luft: 60 Tänzerinnen und Tänzer aus 26 Ländern bilden das Ballettensemble. Die Bühnengeschichte des Friedrichstadt-Palastes reicht bis 1919 zurück. Von Max Reinhardt gegründet, musste sich die Theaterbühne mehrfach neu erfinden: 1984 beim Einzug in den neu errichteten Palast – und natürlich nach der Wende. Mit seinen Grand Shows und den allerneuesten Hightech-Effekten ist der Friedrichstadt-Palast unter allen Bühnen Deutschlands die meistbesuchte mit jährlich über 700 000 Gästen. Seine Größendimensionen sind unerreicht.

Friedrichstadt-Palast
Friedrichstraße 107, Tel. 030 23 26 23 26, https://www.palast.berlin; Kasse tgl. 13.00–18.30 Uhr und Abendkasse

9 Kabarett-Theater-Distel

Zum Reichstag oder Kanzleramt könnte man von der Distel, einem der größten Ensemble-Kabaretts in Deutschland, bequem zu Fuß gelangen – beste Voraussetzung, um den Politikern auf die Finger zu schauen. Das war nicht immer leicht: Kurz nach dem Arbeiteraufstand von 1953 gegründet, bewegte sich das Kabarett geschickt auf dem schmalen Grat zwischen öffentlicher Förderung und staatlicher Zensur. Spezialität blieb bis heute eine Mischung aus Sketchen, Solonummern und frechen Liedern.

Kabarett-Theater Distel
Friedrichstraße 101, Tel. 030 204 47 04, https://distel-berlin.de; Kasse Di. bis Fr. 11.00–19.30, Sa. 14.00–20.00, So. 14.00 bis 18.00 Uhr und Abendkasse

10 Bar jeder Vernunft

„Kopflos, haltlos, schrecklich, schön!" – so wirbt die Bar jeder Vernunft für ihr Programm in einem alten Tanzzelt. Zu den Stammkünstlern des 1992 gegründeten Cabaret-Theaters mit Programmen aus Show, Comedy, Kabarett, Literatur und Theater zähl(t)en berühmte Namen: die Geschwister Pfister und Meret Becker, Max Raabe und Cora Frost, Maren Kroymann, Désirée Nick und Ulrich Tukur. Immer wieder wagen sich die Veranstalter an Eigenproduktionen wie die Inszenierung des Musicals „Cabaret" und versuchen, auch unbekannte Künstler zu fördern.

Bar jeder Vernunft
Schaperstraße 24, Tel. 030 883 15 82, www.bar-jeder-vernunft.de; Kasse Mo.–Fr. 12.00–18.30, Sa./So. 15.00–17.30 Uhr und Abendkasse

OMSK
ALMATY
TASCHKENT
NOWOSIBIRSK
KRASNOJARSK
IRKUTSK
ULAN-BATOR
JAKUTSK
22
23
24
1
2
3
NEW DELHI +30'
KARACHI
COLOMBO +30'
RANGUN +30'
DHAKA
HANOI
BANGKOK
PHNOM PENH
JAKARTA
PEKING
SHANGHAI
MANILA
PERTH
HONGKONG
KUALA LUMPUR
SINGAPUR
PJÖNGJANG
TOKYO
SEOUL

Berlin Mitte

*

DAS HERZ DER HAUPTSTADT

*

Rund um den Boulevard Unter den Linden befand sich das Zentrum des alten Preußen, politisch wie kulturell. Die Museumsinsel ist Welterbe und erfuhr durch den Wiederaufbau des Stadtschlosses eine spektakuläre Erweiterung. Das Scheunenviertel, einst Heimat der jüdischen Gemeinde, ist heute lebendiger denn je.

Es war eine Demonstration angeblicher Weltoffenheit in der DDR: Weltzeituhr und Fernsehturm – der Alexanderplatz, stets belebt, zu ihren Füßen.

Die Mauer ist wieder da! Ein weißes Band, quer durch Berlin, mehrere Meter hoch – wie das Original, das die Metropole 28 Jahre lang teilte, Kieze und Häuser durchschnitt und Familien trennte. Als spektakuläre Kunstaktion namens „Lichtgrenze“ ist sie zum 25-jährigen Jubiläum des Mauerfalls noch einmal auferstanden: nicht als wuchtige Betonmauer, sondern hell und filigran in Form von 8000 leuchtenden Heliumballons. Je dunkler es abends wurde, desto kraftvoller strahlte sie.

Ebenso viele Ballonpaten standen bereit, um „ihr“ persönliches Licht gleichzeitig in den Himmel steigen zu lassen – verbunden mit einer Botschaft auf einer Postkarte. „Ich war beim Fall der Mauer 14 Jahre alt. Die Angst, für immer eingesperrt zu sein, war plötzlich vorbei“, erinnert sich ein Pate. „Ohne Mauerfall würde es mich nicht geben“, schrieb ein Schüler. „Vielen Dank, Oma und Opa, fürs Demonstrieren!“

DAS BRANDENBURGER TOR IST DAS BEKANNTESTE WAHRZEICHEN NICHT NUR BERLINS, SONDERN GANZ DEUTSCHLANDS.

Die Lichtgrenze zog sich über die Oberbaumbrücke und strahlte die East Side Gallery an, einen der letzten der verbliebenen Mauerreste, auf dem sich Künstler aus aller Welt verewigt haben. Sie säumte die Spree vor dem Reichstag und passierte den Checkpoint Charlie. Die beeindruckendste Wirkung erzielte sie jedoch am Brandenburger Tor, wo sie sich wie ein goldenes Band um den historischen Bau legte.

ORT MIT SYMBOLKRAFT

Das 1791 errichtete Tor ist das bekannteste Wahrzeichen Berlins, ein Nationaldenkmal von starker Symbolkraft. Als

Rund 2700 Betonstelen bilden das Holocaust-Mahnmal, eine Erinnerung an die von Nazi-Deutschland ermordeten Juden Europas (oben).
Sehen und gesehen werden, so war es immer auf dem Boulevard Unter den Linden (Mitte).
Nach der Eroberung Schlesiens samt seiner katholischen Bevölkerung wurde in Preußen das Verbot des Katholizismus aufgehoben – und in Berlin sofort mit dem Bau der Hedwigskathedrale begonnen (unten).
Blick über den Pariser Platz aufs Brandenburger Tor (rechts).

Vor der Alten Nationalgalerie thront Preußenkönig Friedrich Wilhelm IV. hoch zu Ross. Er hatte die Museumsinsel als Kunststätte bestimmt.

Der US-Architekt Ieoh Ming Pei gestaltete den 2003 eröffneten gläsernen Anbau des Deutschen Historischen Museums, das im einstigen Zeughaus und Waffenarsenal untergebracht ist.

Die der Museumsinsel gegenüberliegende Parkanlage ist James Simon gewidmet. Der Baumwollunternehmer gehörte zu den größten Berliner Kunstmäzenen der wilhelminischen Ära.

Auf der Friedrichsbrücke geht es hinüber zur Museumsinsel und zum Lustgarten mit dem Berliner Dom.

HEUTE ZEIGT SICH DIE MUSEUMSINSEL WIEDER IM VERDIENTEN GLANZ.

Stadttor geplant, als „Friedenstor“ eröffnet, entwickelte es sich im Laufe der Geschichte schnell zum Triumphtor: 1806 zog Napoleon Bonaparte nach seinem Sieg über Preußen hindurch. 1933 feierten die Nationalsozialisten hier mit einem Fackelzug die Machtergreifung. Und 1945 zum Kriegsende rollten sowjetische Panzer vor.

Mit dem Beginn des Mauerbaus am 13. August 1961 wurde das Brandenburger Tor zum traurigen Symbol der deutsch-deutschen Teilung. 28 Jahre lang durften nur die Grenztruppen der DDR den Platz betreten. Umso größer war am 9. und 10. November 1989 die Volksfeststimmung, als die Westberliner zu Tausenden ans Tor pilgerten, die breite Panzersperrmauer bestiegen und von oben die Beine baumeln ließen. „Günstige Betondemontage“ warb ein Schild ironisch, das ein Berliner in die Kameras der versammelten Weltpresse hielt. Bis zur endgültigen Öffnung des Tors sollte es noch anderthalb Monate dauern – die SED-Regierung wollte diesen bedeutsamen Ort nicht so schnell aufgeben. Heute ist das Brandenburger Tor fester Bestandteil jeder Besichtigungstour.

MUSEEN MIT MASTERPLAN

Mit dem Mauerfall eröffnete sich auch die Chance, das Ensemble der Museumsinsel zwischen Spree und Kupfergraben

Aus dem Babylon Mitte des ersten vorchristlichen Jahrtausends stammt die Prozessionsstraße im Pergamonmuseum auf der Museumsinsel.

DIE NEUKONZEPTION DER MUSEUMSINSEL WAR EINE HERAUSFORDERUNG

zu modernisieren und neu zu ordnen: fünf Häuser aus den Jahren 1830 bis 1930 mit herausragenden Sammlungen von der Frühgeschichte über die Antike bis zur Kunst des 19. Jahrhunderts. 1999 fiel daher der Beschluss für einen „Masterplan Museumsinsel". Die Idee eines solchen Gesamtkonzepts war allerdings nicht neu: Schon im Jahr 1841 hatte König Friedrich Wilhelm IV. die Bildung einer „Freistätte für Kunst und Wissenschaft" verfügt.

Namhafte Architekten aus aller Welt bewarben sich um den Auftrag. Eine Herausforderung, musste der ausgewählte Entwurf doch nicht nur dem strengen Blick der UNESCO standhalten, die das Ensemble zur Welterbestätte erhoben hatte. Er durfte auch die Erwartungen der Berliner nicht enttäuschen, die Neuerungen traditionell eher skeptisch gegenüberstehen, und musste architektonisch spannend genug sein, um in der Fachgemeinde nicht durchzufallen.

Schließlich wurde David Chipperfield die Gesamtkoordination übertragen. Wichtigstes Element in der Konzeption des Briten ist die neue, dem wilhelminischen Kunstförderer James Simon gewidmete Galerie als zentrales Eingangsgebäude, von dem aus die Besucher über eine unterirdische Archäologische Promenade vier der fünf Museen erreichen. Bislang verschlossene Bereiche der Insel werden zu öffentlichen Plätzen ausgebaut. Letzter Meilenstein ist die Sanierung des Pergamonmuseum – das Datum der Fertigstellung ist noch offen.

HAUS MIT WUNDEN

Ein Meisterstück hat Chipperfield bereits 2009 mit der Sanierung des Neuen Museums abgeliefert, in dem heute die Sammlungen der Vor- und Frühgeschichte und ägyptische Kunst gezeigt werden – darunter auch die Nofretete. Durch Bomben und Granaten schwer getroffen, war der Museumsbau fast fünf Jahrzehnte lang Wind und Regen ausgesetzt – rund 70 Prozent der Substanz vernichtet. Eine Bürgerinitiative kämpfte vehement für eine originalgetreue Rekonstruktion nach den Plänen Friedrich August Stülers, der das Neue Museum 1843 bis 1855 errichtet hatte. Der Auftrag Chipperfields lautete dagegen auf eine mehr gestalterische Freiheit lassende „ergänzende Wiederherstellung".

Der Architekt behandelte die Ruine wie eine archäologische Ausgrabungsstätte: Alle erhaltenen Mauern, Farben, Böden, Mosaike wurden sorgfältig saniert. Zerstörte Teile ersetzte er durch modern-schlichte Elemente oder suchte gleichwertigen Ersatz – so wurden in ganz Brandenburg rund 300 000 Ziegel

Das Bodemuseum, Heimat unter anderem der Skulpturensammlung, bildet die Nordspitze der Museumsinsel,

Nicht unumstritten, doch im Treppenhaus des Neuen Museums ist das Nebeneinander von Alt und Neu schön zu sehen.

Der Hamburger Bahnhof wurde zum Museumsstandort und gibt heute zeitgenössischer Kunst Raum.

Der Gendarmenmarkt wird gern als Berlins schönster Platz gelobt – hier mit dem Klassizismus von Konzerthaus und Französischem Dom.

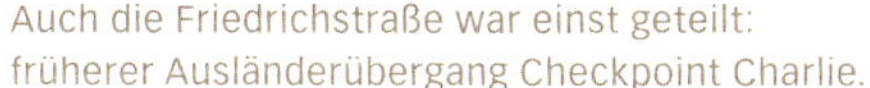
Auch die Friedrichstraße war einst geteilt: früherer Ausländerübergang Checkpoint Charlie.

Heute leicht zu überwinden: Pflastersteine markieren den einstigen Verlauf der Berliner Mauer (s. a. S. 95).

»DAS SCHLOSS LAG NICHT IN BERLIN – BERLIN WAR DAS SCHLOSS.«

Wolf Jobst Siedler

aus Abbruchhäusern aufgekauft. Die „Wunden" des Hauses konservierte der Stararchitekt nahezu unverändert: Risse und Einschusslöcher, Granatenspuren und Witterungsschäden.

Am eindrücklichsten ist dieses Erlebnis in der einst nahezu vollständig zerstörten großen Treppenhalle, in der sogar schon Bäume wuchsen: Von Stüler als prunkvoller Saal im Stil der Antike konzipiert, dominieren heute mächtige Treppen aus Beton und kahle Ziegelwände – dazwischen stehen historische Säulen aus Carrara-Marmor, noch schwarz von den Feuern des Krieges, ausgewaschen vom Regen und mit Einschusslöchern. „Muss das denn sein, so speckig und fleckig, so schartig und brüchig?", fragte Architekturkritiker Heinrich Wefing nach der Eröffnung rhetorisch. Und antwortete: „Der Besucher wandert staunend durch das Haus, mal beglückt, mal kopfschüttelnd, nie sicher, was hinter der nächsten Tür wartet, und fühlt sich sinnlich ergriffen wie selten in einem Museum." „Respekt vor dem Historischen", resümierte er anschließend.

IM GEIST ALEXANDER VON HUMBOLDTS

Nicht nur die Sanierung des Weltkulturerbes lässt die Herzen von Museologen höher schlagen, sondern auch die damit verbundene Zusammenführung der Berliner Sammlungen zu sechs Jahrtausenden Menschheitsentwicklung.

Die Häuser der Museumsinsel erfuhren im Humboldt-Forum im Berliner Stadtschloss eine beträchtliche Erweiterung. Hier erhielten das Museum für Asiatische Kunst und das Ethnologische Museum ihren Sitz, die bis zum Umzug in Dahlem beheimatet waren.

Das Berliner Stadtschloss bildete einst den Mittelpunkt des preußischen Berlins. Die umliegenden Straßen, Paläste und Wohnhäuser waren auf den Bau bezogen. „Das Schloss lag nicht in Berlin – Berlin war das Schloss", schrieb der Publizist Wolf Jobst Siedler in einem Essay. Doch Walter Ulbricht ließ das im Krieg beschädigte Symbol preußischen Staatswesens 1950 sprengen – trotz großer Proteste aus West und Ost. In den 1970er-Jahren entstand hier der Palast der Republik, vom Volk aufgrund der über 1000 Lichter im Foyer auch schnoddrig „Erichs Lampenladen" genannt. Der Abriss des mit Asbest verseuchten Baus nach der Wende war höchst umstritten.

Beim Wiederaufbau des Schlosses haben sich schließlich die Verfechter der originalen Rekonstruktion weitgehend durchgesetzt: Die Pläne des italienischen Architekten Franco Stella sahen drei

Grillen und Chilen im Monbijou-Park – im Hintergrund ragt die Kuppel der Neuen Synagoge in der Oranienburger Straße auf.

Fassaden nach historischem Vorbild vor und den originalgetreuen Wiederaufbau des barocken Schlüterhofes. Die Mehrkosten der Schmuckfassaden haben die Anhänger der Historisierung getragen – aus Spenden, wie einst beim Wiederaufbau der Dresdner Frauenkirche. So konnte man selbst „Schlossherr" werden, indem man einen „Teilbaustein" für 50 Euro kaufte, oder sogar ein „Bogenarchitrav" für beeindruckendere 78 300 Euro.

EIN HAUCH VON ORIENT

Dank des Millionenbetrags eines anonymen Großspenders hat das Schloss auch wieder eine Kuppel. Gäbe es einen Wettbewerb um die schönste Kuppel im historischen Zentrum, würden die meisten jedoch vermutlich für die Neue Synagoge in der Oranienburger Straße stimmen, ein weithin sichtbares, golden leuchtendes Wahrzeichen. Zur Zeit seiner Fertigstellung 1866 war dieses jüdische Gotteshaus eine beeindruckende Demonstration des Selbstbewusstseins der seinerzeit blühenden Gemeinde.

Eduard Knoblauch und Friedrich August Stüler hatten die Synagoge im maurischen Stil nach dem Vorbild der Alhambra geplant – mit orientalischen Motiven als Hinweis auf die Herkunft der Juden. Kaiser Wilhelm I. höchstper-

Special

Stadt der Galerien

Welthauptstadt der Kunst

Der chinesische Künstler Ai Weiwei lebte zeitweise in Berlin. Olafur Eliasson ist hier Mitglied der Akademie der Künste. Auch Fotograf und Turner-Preisträger Wolfgang Tillmans arbeitet in der Stadt. Nur drei Namen aus der Berliner Kunstszene – insgesamt sollen hier mehr als 20 000 Künstlerinnen und Künstler leben. Innerhalb weniger Jahre hat sich die Metropole zu einer Kunsthauptstadt entwickelt.

Im Stadtteil Mitte fing alles an: Im Areal zwischen August- und Linienstraße standen nach der Wende viele Räume leer, die Mieten waren günstig – ideale Voraussetzungen für Ateliers und Galerien. Heute strömen Kunstliebhaber nach Berlin, um einige der rund 350 Galerien zu besuchen. Und um einzukaufen: „Viele kommen ganz gezielt oder auf Einladung und sind gut vorinformiert", sagt Galerist Andreas Wiesner. „Vor allem Amerikaner kaufen dann gerne spontan." – Auch auf Privatsammler übte die Stadt nach der Wende als Ausstellungsort eine starke Anziehungskraft aus. Ein Projekt der Superlative befindet sich zurzeit im Bau: Am Kulturforum entsteht mit dem „berlin modern" bis 2026 ein neues Museum für die Kunst des 20. Jahrhunderts – die Entwürfe stammen von den Stararchitekten Herzog & De Meuron.

Galerie Eigen + Art in der Auguststraße

ALEXA

Blick über die Spree auf den Berliner Dom und das Nikolaiviertel, mittelalterliches Flair made in DDR.

Die Hackeschen Höfe sind eine Welt für sich. Sie zählen zu den schönsten Innenhöfen in Mitte.

Die Nikolaikirche wurde für die 750-Jahr-Feier Berlins nach alten Unterlagen mit neuen Turmhelmen wiederaufgebaut.

Ausblick vom Hotel „Park Inn": Hier liegt einem die Mitte Berlins zu Füßen: Fernsehturm, Alexanderplatz, Rotes Rathaus und Marienkirche

BERLIN IST DIE »AM SCHNELLSTEN WACHSENDE JÜDISCHE GEMEINDE DER WELT«.

American Jewish Committee

sönlich besichtigte den Rohbau, und der damalige Ministerpräsident Otto von Bismarck wohnte der Einweihung bei. Die „Vossische Zeitung" beschrieb das Interieur als einen „zu einem harmonischen Ganzen sich verschlingenden Arabeskenkranz von feenhafter, überirdischer Wirkung."

Seit dem Mittelalter hatten Juden in Berlin gelebt, sie wurden jedoch immer wieder verfolgt und vertrieben, 1573 sogar „für alle Ewigkeit". Doch rund 100 Jahre später erhielten 50 Familien gegen Zahlung einer jährlichen Gebühr einen Schutzbrief des Kurfürsten. Sie bildeten die Basis der bis heute bestehenden Gemeinde. Doch erst Anfang des 19. Jahrhunderts wurden ihnen großzügigere Bürgerrechte gewährt.

WACHSENDE GEMEINDE

Nur das mutige Eingreifen eines Polizisten verhinderte, dass die Neue Synagoge in der Reichspogromnacht am 9. November 1938 in Flammen aufging. 1943 wurde der Bau von Bomben zerstört, zu DDR-Zeiten der Hauptraum abgerissen. Erst kurz vor der Wende begann man mit dem Wiederaufbau.

Jüdisches Leben führte nach dem Krieg ein Schattendasein – von 160 000 Juden vor 1933 hatten nur 8000 den Holocaust überlebt.

Heute ist das Interesse an der jüdischen Vergangenheit im sogenannten Scheunenviertel größer denn je. Nicht alle Spuren zeigen sich auf den ersten Blick. Die Alte Synagoge beispielsweise, an die nur noch eine Gedenktafel erinnert, die Wirkungsstätten von Moses Mendelssohn, Mitte des 18. Jahrhunderts ein Vorreiter der jüdischen Aufklärung, die jüdische Oberschule in der Großen Hamburger Straße, 1942 Sammellager für die Berliner Juden für den Abtransport in die Vernichtungslager, oder das Wohnhaus von Regina Jonas, 1935 die weltweit erste Rabbinerin, in Auschwitz ermordet. Wenn man durch die schmalen Straßen des Viertels schlendert, sieht man Männer mit Kippa, hört hin und wieder hebräische Sprachfetzen, kann man koscher essen gehen.

Die Gemeinde ist wieder auf bis zu 40 000 Mitglieder gewachsen, überwiegend durch den Zustrom russischer Juden. Das American Jewish Committee bezeichnete Berlin zwischen 1990 und 2010 sogar als die „am schnellsten wachsende jüdische Gemeinde der Welt". Dazu kamen in den letzten Jahren junge Israelis – oft aus der Enkelgeneration der Emigranten der 1930er –, die sich vom weltoffenen, hippen Image der Hauptstadt anlocken ließen. Und von der Neugier auf die Heimat der Vorfahren.

Baustelle Berlin

ALT ODER NEU? DAS IST HIER DIE FRAGE

Berlin galt nach der Wende lange als die größte Baustelle Europas. Auch heute drehen sich noch vielerorts die Kräne. Bei den großen Neubauten stellt sich die Frage: Wagt man sich an Neues oder orientiert man sich an Bewährtem?

Berlin ist zur Spielwiese internationaler Stararchitekten geworden, die im Zentrum der Millionenstadt riesige Freiflächen gestalten konnten. Sie haben Prestigebauten ersonnen, die Besucher aus aller Welt anziehen, in der Stadt selbst aber auch für Diskussionen sorgen.

Beispiele für zukunftweisendes Bauen sind das Jüdische Museum von Daniel Libeskind, die Reichstagskuppel von Sir Norman Foster und das Neue Kranzler Eck von Helmut Jahn. Eine Liste, die sich locker fortsetzen ließe – doch an erster Stelle muss man den Potsdamer Platz nennen. Er ist das Prunkstück der Stadtplaner, denn bei ihm handelt es sich nicht nur um einen „Platz", wie der Name glauben machen möchte, sondern hier ist eine Stadt in der Stadt entstanden. Zum Richtfest der ersten beiden Gebäude am Potsdamer Platz ließ der Dirigent Daniel Barenboim beim „Ballett der Kräne" die stählernen Riesen nach der Musik von Beethovens 9. Sinfonie „tanzen".

Anfangs wirkte der Potsdamer Platz noch ein wenig wie ein Fremdkörper, wie ein Raumschiff, unerwartet im märkischen Sand gelandet. Doch erstaunlich schnell verzahnte sich dieses Feuerwerk der architektonischen Ideen mit der Umgebung. Wer kann sich heute noch daran erinnern, wie das gesamte Areal zu Mauerzeiten im Todesstreifen lag, wie aus der Brache „Sony Center" (seit April 2023 heißt es „Center am Potsdamer Platz") und „Daimler City" wuchsen? Wie gelungen die Mischung aus Büros, Wohnungen, Geschäften, Restaurants, Hotels und Kinos ist, sieht man abends, wenn auch nach Büroschluss das Leben in den Straßen zwischen den ultramodernen Hochhäusern nicht erstirbt.

DAS STADTSCHLOSS IST ZURÜCKGEKEHRT

Bei einem anderen Projekt im Zentrum ging man genau den gegenteiligen Weg. Wo zu DDR-Zeiten der Palast der Republik stand, erstrahlt heute wieder das barocke Stadtschloss. Im Zweiten Weltkrieg stark beschädigt, wurde es 1950 von den kommunistischen Machthabern auch als Symbol einer untergegangenen Epoche gesprengt. Drei Seiten des Baus imitieren das Stadtschloss fast völlig, die vierte, zur Spree hin gewandte, entstand als Neuschöpfung. Doch der Name „Stadtschloss" lebte nicht wieder auf, beim neuen Gebäude ist die Rede vom Humboldt Forum, auch um seine Nutzung als ein Zentrum für Wissenschaft und Kultur zu unterstreichen.

Eines der jüngsten Großprojekte ist das Museum „berlin modern", das am Kulturforum entsteht. Die Grundsteinlegung erfolgte im Februar 2024. Der nach Plänen von Herzog & de Meuron entstehende Neubau und die benachbarte neue Nationalgalerie werden künftig die Sammlungen der Nationalgalerie aus dem 20. Jahrhundert präsentieren. Die Fertigstellung ist für 2027 geplant.

Der Neubau des Jüdischen Museums in Kreuzberg soll mit seinen zackigen Fassaden einen geborstenen Davidstern symbolisieren (oben). Der Potsdamer Platz steht für Berlins neue Zeit: Potsdamer und Alte Potsdamer Straße mit Forum Tower, Kollhoff-Tower und BahnTower (unten)

Paul-Löbe-Haus im Regierungsviertel (oben). Lichtshow zur deutschen Geschichte im Regierungsviertel (linke Seite)

Informationen

Fast jeder Anbieter von Stadtrundfahrten und Stadtrundgängen in Berlin hat auch Architekturtouren im Programm. Zwei Veranstalter sind ausgeprägte Spezialisten, die für Gruppen mit Architekturinteresse maßgeschneiderte Angebote basteln:

Panorama B, Zinnowweg 6, 14163 Berlin, Tel. 030 37 00 93 84, www.panorama-b.de
Ticket B, Dresdener Str. 113, 10179 Berlin, Tel. 030 420 26 96 20, www.ticket-b.de

Maßstab 1:20.000
0
400m
Mitte
(Bez.MITTE)
Tiergarten
(Bez.MITTE)
Kreuzberg
(Bez. FR-KR)
Kreuz-
berg
(Bez.FR-KR)
Park
am
Gleisdreieck
Spree
Urbanhafen
Hauptbahnhof
Friedrichstr.
Alexanderpl.
Hackescher Markt
Oranienburger Str.
Nordbf.
Brandenb. Tor
Potsdamer Pl.
Anhalter Bhf.
Yorckstr.
Yorckstr. Großgörschenstr.
Unter d. Linden
Naturkunde-museum
Rosenthaler Pl.
Weinmeister-str.
Rotes Rathaus
Museums-insel
Hausvogtei-pl.
Stadt-mitte
Mohrenstr.
Kochstr.
Hallesches Tor
Mehringdamm
Möckernbr.
Gleisdreieck
Kurfürstenstr.
Bülowstr.
Mendelss.-Barth.-Park
Spittel-markt
Moritzpl.
Prinzenstr.
Gneisenau-str.
Südstern
Märk. Mus.
Heinrich-Heine-Str.
Kloster-str.
Oranienburg. Tor
Schwartzkopffstr.
Senefelderpl.
R.-Luxemburg-Pl.
Bundestag
Universität
Kliniken des Campus Charité Mitte
Humboldt-
Kreuzberg
Tiergartentunnel
Invalidenfriedhof
Bundesnachrichtendienst
Torstr.
Friedrichstr.
Chausseestr.
Leipziger Str.
Stresemannstr.
Oranienstr.
Gitschiner Str.
Yorckstr.
Gneisenaustr.
Potsdamer Str.
Reichpietschufer
Wilhelmstr.
Unter den Linden
Französische Str.
Karl-Liebknecht-Str.
Rudi-Dutschke-Str.
Niederkirchnerstr.
Zimmerstr.
Kochstr.
Lindenstr.
Alexandrinenstr.
Tempelhofer Ufer
Hallesches Ufer
Blücherstr.
Zossener Str.
Mehringdamm
Viktoriapark
Bergmannstr.
Schöneberger Str.
Mühlendamm
Molkenmarkt
Stralauer Str.
Gertraudenstr.
Spittelmarkt
1
2
3
4
5
6
7
8
9
10
11
12
13
14
15
17
18
19
20
21
22
96

DIE MITTE RUND UM DIE SPREEINSEL

Berlin hat viele „Stadtzentren", die Keimzelle der Metropole befand sich jedoch im heutigen Stadtteil Mitte. Hier kann man auf dem Boulevard Unter den Linden vom Brandenburger Tor zum Stadtschloss flanieren, sich die Sammlungen auf der Museumsinsel ansehen oder rund um den Alexanderplatz einkaufen gehen.

Sehenswert

Auf und an der Spreeinsel hat Berlin seinen Anfang genommen. Auf der Insel entstand im 12. Jh. Cölln, nördlich des Flusses (Alt-)Berlin. Anstelle einer mittelalterlichen Burg errichteten die brandenburgischen Kurfürsten um 1440 auf der Insel ihre Residenz. Seither war Berlin Hauptstadt – zuerst brandenburgische, später königlich-preußische und kaiserlich-deutsche.

UNTER DEN LINDEN

Das 1 **Brandenburger Tor** TOPZIEL, bedeutendstes Wahrzeichen Berlins, wurde 1788–1791 nach Entwürfen von Carl Gotthard Langhans errichtet. Von Johann Gottfried Schadow stammt die Quadriga (1793). Die Vorderseite des Tores zeigt zum Pariser Platz, an dem die französische, die amerikanische Botschaft und das **Hotel Adlon** (1907/1997) ihren Sitz haben, ebenso die Akademie der Künste (2005). Südl. liegt das **Holocaust-Mahnmal,** das Denkmal für die ermordeten Juden Europas mit über 2700 Betonstelen (Ebertstraße, www.holocaust-mahnmal.de; Infozentrum April–Sept. Di.–So. 10.00–18.00 Uhr).

Vom Pariser Platz Richtung Osten erstreckt sich der Boulevard 2 **Unter den Linden,** die Flaniermeile des preußischen Berlin, an dem sich historische Bauten reihen: angefangen bei der **Russischen Botschaft** (1953) im sozialistischen Monumentalstil über die **Staatsbibliothek** (1914) sowie die **Humboldt-Universität** im einstigen Palais des Prinzen Heinrich (1766) bis zum **Forum Fridericianum;** zu diesem Ensemble, das auf Friedrich den Großen zurückgeht, gehören die **Alte Bibliothek** (1780), die 19 **St.-Hedwigs-Kathedrale** mit ihrer prägnanten Kupferkuppel (1773) und die **Staatsoper Unter den Linden** (1743).

Am Bebelplatz erinnert ein unterirdisches Mahnmal an die Bücherverbrennungen der Nazis. Friedrich II. überblickt das dortige Geschehen von seinem Reiterdenkmal aus (1851).

Das prächtige barocke 10 **Zeughaus,** überwiegend von Andreas Schlüter (1731), ist Sitz des **Deutschen Historischen Museums;** sehenswert ist der moderne Anbau (2003) von Architekt Ieoh Ming Pei. In der angrenzenden

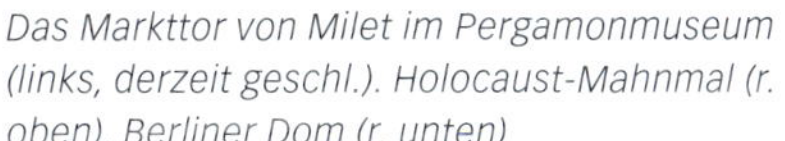

Das Markttor von Milet im Pergamonmuseum (links, derzeit geschl.). Holocaust-Mahnmal (r. oben). Berliner Dom (r. unten)

Neuen Wache (1818; tgl. 10.00–18.00 Uhr) von Karl Friedrich Schinkel befindet sich die Zentrale Gedenkstätte für die Opfer von Krieg und Gewaltherrschaft. Das **Kronprinzenpalais** (1663) gegenüber wird für Veranstaltungen genutzt. Der Boulevard endet an der Schlossbrücke (1824).

MUSEUMSINSEL UND STADTSCHLOSS

Die 11 **Museumsinsel** TOPZIEL umfasst eines der weltweit bedeutendsten Ensembles aus Museen und Kunststätten, sie ist seit 1999 UNESCO-Weltkulturerbe. Zunächst fällt jedoch die Kuppel des **Berliner Doms** (1905) ins Auge; sehenswert sind der Hauptaltar, die Hohenzollerngruft sowie der Blick vom Kuppelumgang (Am Lustgarten, www.berlinerdom.de; Mo.–Fr. 10.00–17.00, Sa. 9.00–17.00, So. 12.00 bis 17.00 Uhr, regelm. Führungen). Die Fassade zeigt zum **Lustgarten;** das heutige Erscheinungsbild des einstigen Küchengartens des Schlosses geht auf Schinkel zurück (um 1830). An der Nordseite liegt das klassizistische **Alte Museum,** 1830 als erster reiner Musuemsbau in Deutschland vom selben Baumeister errichtet. Auf einem hohen Sockel ruht die von Friedrich August Stüler im Stil eines Tempels errichtete **Alte Nationalgalerie** (1876). Stüler zeichnete auch für den Bau des **Neuen Museums** (1855) verantwortlich. Angrenzend eröffnete 2019 mit der **James-Simon-Galerie** das neue Besucherzentrum der Museumsinsel. Neubarock präsentiert sich das **Bodemuseum** (1904) von Ernst von Ihne.

Südlich der Karl-Liebknecht-Straße ist das **Berliner Stadtschloss** neu entstanden, bis 1918 war es Residenz der Hohenzollern und damit des letzten deutschen Kaisers Wilhelm II. In ihm findet das **Humboldt-Forum** Platz, u.a. mit dem Ethnologischen Museum, dem Museum für Asiatische Kunst und mehreren Dauerausstellungen zur Geschichte des Ortes. Im neubarocken **Neuen Marstall** (1901) musizieren heute Studenten der Hochschule für Musik Hanns Eisler (Schlossplatz 7).

ALEXANDERPLATZ UND UMGEBUNG

Der 369 m hohe **Berliner Fernsehturm** (1969) mit Aussichtsplattform und weitem Blick über Berlin (Panoramastraße 1a, www.berlinerfernsehturm.de; tgl. 10.00–22.00 Uhr; Café und Restaurant) wurde zu einem Wahrzeichen Berlins. Der weitläufige 15 **Alexanderplatz** zu seinen Füßen ist ein Produkt der Zerstörungen des Zweiten Weltkriegs und der sozialistischen Städteplanung bis 1969 – aus den 1960er-Jahren stammen das Hochhaus des Hotels „Park Inn", das Kaufhaus (heute Galeria) und die Weltzeituhr. Jenseits der Spandauer Straße liegt das **Rote Rathaus** (Rathausstraße 15; Mo.–Fr. 9.00–18.00 Uhr), der Sitz des Berliner Stadtoberhaupts. Der Neorenaissancebau wurde 1869 aus roten Ziegelsteinen fertiggestellt. Davor befinden sich Neptunbrunnen (1891) und Marienkirche (13. Jh.; tgl. 10.00 bis 18.00, Jan.–März bis 16.00 Uhr).

Auf den ersten Blick erinnert das **Nikolaiviertel** – Berlins einstige Keimzelle – an ein mittelalterliches Stadtviertel. Von den historischen Bauten blieb im Krieg nichts erhalten, der heutige Anziehungspunkt entstand im Zuge eines Sanierungsprogramms der DDR. Die auf das 13. Jh. zurückgehende 17 **Nikolaikirche** mit ihren Zwillingstürmen ist eine detailgetreue Kopie (Nikolaikirchplatz, www.stadtmuseum.de), das **Knoblauchhaus** wurde aus Originalteilen nachgebaut (Poststraße 23, heute Stadtmuseum), ebenso das Rokoko-**Ephraim-Palais** (Poststraße 16; Sonderausstellungen des Stadtmuseums). Dem Berliner Dom gegenüber reihen sich Anlegestellen Berliner Reedereien, die kürzere oder längere **Schiffstouren** TOPZIEL auf der Spree bieten.

FRIEDRICHSTRASSE & GENDARMENMARKT

In der 7 **Friedrichstraße** TOPZIEL blieb deutsch-deutsche Geschichte präsent, ange-

Rotes Rathaus (links). Orient in Berlin: Neue Synagoge (rechts oben). Gendarmenmarkt mit Konzerthaus, Schiller-Denkmal, Französischem Dom (rechts unten)

fangen beim **Checkpoint Charlie** (umstrittenes Museum im Haus am Checkpoint Charlie, Friedrichstraße 43–45, www.mauermuseum.de; tgl. 10.00–20.00 Uhr) bis zum gläsernen Pavillon des „Tränenpalasts", dem einstigen Grenzübergang im S-Bahnhof Friedrichstraße (Reichstagsufer 17). Ihren Ruf als exklusive Shoppingmeile hat die Straße eingebüßt – ein reiches Angebot findet man jedoch in der nahe gelegenen **Mall of Berlin**.

Kurfürst Friedrich III. ließ gegen Ende des 17. Jh. den 20 **Gendarmenmarkt** anlegen, eingefasst vom **Französischen Dom** (1705) an der Nordseite für die französischen Einwanderer der Zeit (Hugenottenmuseum Di.–So. 11.30–16.30 Uhr) und dem **Deutschen Dom** (1708, Ausstellung des Bundestags; Mo.–Fr. 9.00–19.00, Sa. 9.00–17.00, So. 12.00–17.00 Uhr); die Kuppeltürme beider wurden 1785 von Carl Friedrich von Gontard hinzugefügt. Das klassizistische **Konzerthaus** entstand bis 1821 nach Plänen Schinkels (Gendarmenmarkt 2, www.konzerthaus.de).

UM DEN HACKESCHEN MARKT

Im Dreieck zwischen Friedrichstraße, Torstraße und Hackeschem Markt liegt die **Spandauer Vorstadt** mit kleinen Straßen, Kirchen und Hinterhöfen – eine der beliebtesten Gegenden zum Shoppen und Ausgehen. Besonderer Anziehungspunkt sind die 13 **Hackeschen Höfe** (Rosenthaler Straße 40) mit Boutiquen, Wohnungen, Restaurants und Kultur. Der Komplex wurde 1905–1907 errichtet. Wie aus der Zeit gefallen wirkt die **Sophienstraße,** eine der ältesten Straßen Berlins. Kunstinteressierte finden in der 12 **Auguststraße** zahlreiche Galerien. Teure Labels, aber auch junge Designer haben sich überall zwischen **Rosenthaler-, Dircksen-** und **Münzstraße** angesiedelt. Hauptanziehungspunkt in der Oranienburger Straße ist die 9 **Neue Synagoge** (1866) mit ihrer goldenen Kuppel, einst das größte jüdische Gotteshaus der Stadt (Oranienburger Straße 28/30, https://centrumjudaicum.de; Sommer Mo.–Fr. 10.00–18.00, So. bis 19.00, Winter So.–Do. 10.00–18.00, Fr. bis 15.00 Uhr). Ein Denkmal und historische Grabsteine erinnern an den im Dritten Reich zerstörten **Alten Jüdischen Friedhof** aus dem 17. Jh. (Große Hamburger Straße).

Museen

In über 60 Berliner Museen, Gedenkstätten und Sammlungen ist der **Eintritt frei** (www.berlin.de/museum/eintritt-frei).

MUSEUMSINSEL

Die **James-Simon-Galerie** ist das Besucherzentrum der Museumsinsel (Bodestr., www.smb.museum, Di.–Sa. 9.00–20.00, So. bis 18.00 Uhr). Das 11 **Alte Museum** beherbergt die Antikensammlung mit Kunst der Griechen, Römer und Etrusker sowie das Münzkabinett (Mi.–Fr. 10.00–17.00, Sa./So. bis 18.00 Uhr). Die **Alte Nationalgalerie** zeigt Kunst des 19. Jh (Di.–So. 10.00–18.00 Uhr). Im **Neuen Museum** sind besondere Exponate aus dem Ägyptischen Museum, dem Museum für Vor- und Frühgeschichte sowie der Antikensammlung zu sehen (Di.–Sa. 9.00–20.00, So. bis 18.00 Uhr). Der Pergamonaltar, das Markttor von Milet und das Ischtar-Tor machen das **Pergamonmuseum** zum Publikumsliebling (Sanierung bis mind. 2027). Das **Bodemuseum** beherbergt die Skulpturensammlung, das Museum für Byzantinische Kunst, Werke aus der Gemäldegalerie und Teile des Münzkabinetts (Mi.–Fr. 10.00–17.00, Sa./So. bis 18.00 Uhr).

WEITERE MUSEEN

Um Geschichte und Kultur der Stadt geht es im 16 **Märkischen Museum** (Am Köllnischen Park 5, www.stadtmuseum.de; wegen Renovierung geschlossen). Das 17 **Knoblauchhaus** zeigt die Ausstellung „Berliner Leben im Biedermeier" (Poststraße 23, www.stadtmuseum.de; Di.–So. 10.00–18.00 Uhr). Das 10 **Deutsche Historische Museum** präsentiert deutsche Geschichte und Wechselausstellungen (bis 2025 wegen Sanierung nur Ausstellungen im Pei-Bau, Hinter dem Gießhaus 3, tägl. 10.00 bis 18.00 Uhr). Multimedial ist das 18 **DDR-Mu-**

Tipp

Ein Gericht zum Staunen

Der Eingang ist pompös wie bei einem Theater. Doch über die gewundenen von Säulen flankierten Treppen laufen nicht Diven in Abendkleidern herunter, sondern allenfalls Anwälte in ihren Roben. Die Stufen führen nämlich zu den Verhandlungsräumen des Amtsgerichts. Das schönste Gerichtsgebäude in Deutschland war Ende des 19. Jahrhunderts erbaut worden, abweichend vom Zweck des Bauwerks fehlt ihm jede Strenge und Geradlinigkeit, vielmehr arbeitete man mit Bögen, runden Formen und verspielten Details.

INFORMATION

22 Land- und Amtsgericht
Littenstraße 12-17

seum konzipiert (Karl-Liebknecht-Straße 1, www.ddr-museum.de; tgl. 9.00–21.00 Uhr). Das **4 Museum für Gegenwart** im ehem. Hamburger Bahnhof (um 1845) zeigt bedeutende Sammlungen zeitgenössischer Kunst (Invalidenstraße 50, www.smb.museum; Di.–Fr. 10.00 bis 18.00, Do. bis 20.00, Sa./So. 11.00–18.00 Uhr).
Das **21 Museum für Kommunikation** setzt die Informationsgesellschaft in Szene (Leipziger Straße 16, www.mfk-berlin.de; Di. 9.00 bis 20.00, Mi.–Fr. 9.00–17.00, Sa./So. 10.00 bis 18.00 Uhr). Höhepunkte im **5 Museum für Naturkunde** ist die Dinosaurierausstellung mit einem originalen Exemplar des Urvogels Archaeopteryx (Invalidenstraße 43, www.museumfuernaturkunde.berlin/de; Di.–Fr. 9.30 bis 18.00, Sa./So. 10.00–18.00 Uhr).
300 Jahre Medizingeschichte stehen im Mittelpunkt des **3 Medizinhistorischen Museums der Charité** (Charitéplatz 1, https://bmm-charite.de; Di./Do./Fr./So. 10.00–17.00, Mi./Sa. 10.00–18.00 Uhr).

Unterhaltung

Zu den prominenten Häusern in Mitte gehören die **14 Volksbühne Berlin**, 1989 auch Bühne für den politischen Umbruch in Ostdeutschland (Rosa-Luxemburg-Platz, www.volksbuehne-berlin.de), das für seine politischen Inszenierungen bekannte **10 Maxim-Gorki-Theater** (Am Festungsgraben 2, www.gorki.de), die **2 Komische Oper** (Behrenstraße 55, www.komische-oper-berlin.de) und das dank Brecht renommierte **6 Berliner Ensemble** (Bertolt-Brecht-Platz 1, www.berliner-ensemble.de). Große Shows bietet der **7 Friedrichstadtpalast** (Friedrichstraße 107, www.palast.berlin), Comedy, Theater und Chanson der **8 Admiralspalast** (Friedrichstraße 101, www.admiralspalast.theater), Varieté sowie Kabarett das **13 Chamäleon** (www.chamaeleonberlin.com).

Hotels & Restaurants

HOTELS

Das **€€ Arte Luise Kunsthotel** in einem klassizistischen Stadtpalais von 1825 hat sich seine Zimmer von 50 Künstlern gestalten lassen (Luisenstraße 19, Tel. 030 28 44 80, www.luise-berlin.com). Das Boutique-Hotel **€€€/€€ Honigmond** bietet Zimmer mit Altbau-Charme (Tieckstraße 11 und Invalidenstraße 122, Tel. 030 284 45 50, www.honigmond.de). Ein klassisches Stadthotel ist das **€€€/€€ Hotel Adelante** (Borsigstraße 1, Tel. 030 20 09 50 60, www.adelanteboutiquehotel.de).

RESTAURANTS

Originelle italienische Gerichte serviert der **€€€ Mädchenitaliener** (Alte Schönhauser Straße 12, Tel. 030 40 04 17 87, www.maedchenitaliener.de). Gerichte aus dem Wok das japanische **€€€/€€ Kuchi Mitte** (Gipsstr. 3, Tel. 030 28 38 66 22, www.kuchi.de)

ZEITREISE IN DIE ZUKUNFT

Groß, weiß und flauschig ist der berühmte „Schweinehund“, ein riesiges Kuschelsofa zum Verschnaufen. Doch wenn man den Kopf an sein Fell legt, hört man auf einmal Stimmen: „Ich als winzig kleines Licht beeinflusse doch das Klima nicht“, heißt es. Oder: „Was soll das Hin und Her – wenn ich nicht fliege, bleibt mein Platz im Flugzeug leer.“ Vertraute Sätze, zugespitzt von einem Kabarettisten.

Warum fällt es so schwer, den eigenen Konsum nachhaltig zu reduzieren? Das ist nur eine von vielen Fragen, die im Futurium in Berlin aufgeworfen werden. Das 2019 eröffnete Haus im Herzen des Berliner Regierungsviertels ist vorbildlich in Sachen Ökologie, so wurde das über einen „Skywalk“ begehbare Dach mit Sonnenkollektoren bestückt. Hier wird auch das Regenwasser gesammelt, um es für die Gebäudekühlung zu verwenden. Herzstück des Hauses ist die 3000 Quadratmeter große Dauerausstellung mit modernsten technischen Modulen. Eine gigantische Skulptur aus 2000 Holzelementen dominiert den Saal, Symbol für das Zusammenspiel für Natur und Technik. Gleich daneben staunen Besucher über Simulationen zu grünen Städten. Klimawandel und

In den Denkräumen des Futuriums öffnen sich neue Perspektiven, etwa zur Technik.

Nachhaltigkeit gehören zu den wichtigsten Themen des ambitionierten Projekts, das mit der Unterstützung vieler renommierter Forschungsinstitute umgesetzt wurde.

Die Besucher sollen experimentieren, mitgestalten, sich austauschen und einmischen. Am Ende des Rundgangs erwartet jeden Gast die „Zukunftsmaschine“. Ein Computer wertet die gespeicherten Daten eines interaktiven Armbands aus, mit dem man sich durch die Ausstellung bewegt, und verrät, welcher „Zukunftstyp“ man ist.

Futurium: Alexanderufer 2 (nahe an der Charité), www.futurium.de
Öffnungszeiten: Mi.–Mo. 10.00–18.00 und Do. bis 20.00 Uhr, kostenfrei
Führungen: Eine Führung für Familien oder Erwachsene sollte man frühzeitig buchen; auch Workshops werden angeboten.

Chopard
MCM
PRADA

City West

WIEDER-ENTDECKT!

Zur City West gehören Schöneberg, Charlottenburg-Wilmersdorf und Tiergarten. Vor der Wende lag vor allem um den Bahnhof Zoo das gefühlte Zentrum Westberlins. Nach dem Fall der Mauer wandte sich das Interesse dem Ostteil der Stadt zu – jetzt ist der Westen wieder stark im Kommen ...

Berlins Kurfürstendamm, der beachtliche 3,5 km vom Breitscheidplatz bis zum Rathenauplatz zieht, ist seit eh und je ein Shoppingparadies.

Das Kaufhaus des Westens ist eine Berliner Institution. Aus- und Umbauten, Großbrände und diverse Besitzerwechsel konnten dem 1907 eröffneten bekanntesten Warenhaus Deutschlands nichts Ernsthaftes anhaben (rechts).
Was gibt es Lässigeres, als seinen Sundowner in der Dachbar des Bikini-Hauses zu nehmen? (links)

Ausgehen am Kurfürstendamm: Nach dem Umbau kann das Publikum im KaDeWe ganz spät, bis in die Nacht, auf der Sechsten, der Feinkostabteilung, in aller Ruhe bummeln sowie Häppchen und Getränke zu sich nehmen.

Legendär ist das „Café Kranzler". Die Welt am Kurfürstendamm aber gehört nun dem „Neuen Kranzler Eck".

Die Kaiser-Wilhelm-Gedächtniskirche auf dem Breitscheidplatz ist alt-neues Mahnmal und Gotteshaus zugleich.

»UNAUSSPRECHLICH SCHEINT DER BERLINER LUXUS. UND ER BEGINNT SCHON AUF DEM ASPHALT. DENN DIE BREITE DER BÜRGERSTEIGE IST FÜRSTLICH …«

Walter Benjamin über das Vorkriegsberlin

Seit der Wiedervereinigung ist Berlin keine geteilte Stadt mehr. Doch es gibt ihn noch, den „alten Westen" und den Westberliner, oder, grammatikalisch falsch, aber weltanschaulich korrekt, den West-Berliner (und so soll er in diesem Kapitel noch weiterleben). Mit einem Bindestrich, der die Trennung symbolisierte, schrieb man nämlich vor der Wende im Westen den Namen seiner Stadt. Westberlin, so lautete die Schreibweise im offiziellen DDR-Jargon und, politisch neutral und grammatikalisch korrekt, beim Duden in Mannheim.

Das prägende Lebensgefühl für viele West-Berliner war die Inselmentalität, man sah sich als Insel im „roten Meer des Kommunismus" und bezeichnete sich selbst als „Insulaner". Als solcher verlor man auch in Krisensituationen nicht den Kopf. Und so hieß es in einem Berliner Gassenhauer, der zur Zeit der Luftbrücke populär war, treffend: „Der Insulaner verliert die Ruhe nicht", und das Lied endete mit prophetischem Optimismus mit der Zeile: „Der Insulaner hofft unbeirrt, dass seine Insel wieder schönes Festland wird." Dieser Gleichmut, der in dem Lied beschrieben wird, zeichnet auch heute noch den Berliner und insbesondere den West-Berliner aus. Die Zeit der Teilung prägt die Menschen hier bis heute.

BEIM „DIENER" AUF 'NE MOLLE

Wer sich im Westen der Stadt auf die Spurensuche machen will, fängt am besten in der Gegend rund um den Savignyplatz im Herzen Charlottenburgs an. In der „Paris Bar", dem „Zwiebelfisch" oder dem „Diener" trafen und treffen sich die Urgesteine der West-Berliner Kultur. Im „Diener", 1954 vom Boxchampion Franz Diener eröffnet, hängen die Fotos der Prominenten an der Wand, die hier Eisbein aßen oder sich 'ne Molle bestellten, wie der Berliner zu einem großen Bier sagt.

George Grosz und Hans Albers waren hier Stammgäste, Helmut Newton und der große Otto Sander. Die Liste ließe sich fortsetzen, zu den aktuellen Gästen wahrt man im „Diener" Stillschweigen. „Lokalen Datenschutz" nennt man das. Der Sänger Max Raabe wird aber so oft hier gesehen, dass das wahrlich kein Geheimnis ist. Das „Diener" ist auch deswegen typisch West-Berlin, weil es trotz aller Stars, die hier verkehren, immer eine Nachbarschaftskneipe geblieben ist. „Der Insulaner liebt keen Getue nicht", heißt es im Lied über die Berliner. Starrummel gibt es hier nicht, weswegen Berlin ein schlechtes Pflaster für C-Promis ist, die nach Aufmerksamkeit lechzen, dafür der perfekte Ort für A-Promis, die ihre Ruhe haben wollen.

Forum Tower, Kollhoff-Tower und BahnTower am Potsdamer Platz.

Das Center am Potsdamer Platz (bis 2023 Sony Center) ist ein kunterbunter Repräsentant einer neuen Erlebniswelt.

MIT DEM MAUERFALL WURDEN DIE BERLINER INSULANER, SO WIE SIE ES SICH ERTRÄUMT HATTEN, WIEDER ZU FESTLANDBEWOHNERN.

COMEBACK DES WESTENS

Mit dem Mauerfall wurden die Berliner Insulaner, so wie sie es sich erträumt hatten, wieder zu Festlandbewohnern. Für Charlottenburg und die Nachbarbezirke Wilmersdorf und Schöneberg begann aber zunächst einmal eine Talfahrt. Die City West war plötzlich „out". Der Berliner Bär steppte jetzt in Prenzlauer Berg und Mitte. Der Osten war angesagt. Im Wochenrhythmus eröffneten neue Restaurants, Clubs und Galerien. Die Innenstadtbezirke des Ostens erschienen den Kreativen wie ein Paradies – alles schien dort möglich.

Auf dem Ku'damm wollte niemand mehr einkaufen, wo es sich doch in der Kastanienallee durch neue und hippe Läden bummeln ließ. Warum am „Stutti", dem Stuttgarter Platz in Charlottenburg, sein Bierchen trinken, wenn man am Kollwitzplatz im Prenzlauer Berg doch viel lässiger einen Cocktail schlürfen konnte?

Inzwischen hat sich der Osthype etwas gelegt, und der alte Westen erobert sich Schritt für Schritt verlorenes Terrain zurück. In der Nähe des Bahnhof Zoo hat die Hotelkette Waldorf Astoria ein mondänes Megahotel aus dem Boden gestampft, und aus dem Bikini-Haus, ursprünglich ein Industrie- und Bürogebäude, ist eine exklusive Mall geworden. Im Hochhaus dahinter zog nach der Renovierung das „25hours" ein – das etwas andere Hotel, in dem der Gast wählen kann, ob er in einem Bett mit Blick auf den Zoo oder die Kaiser-Wilhelm-Gedächtniskirche aufwachen will. Der Spitzname Bikini-Haus, den die Hauptstädter dem Gebäude schon kurz nach seiner Eröffnung Mitte der 1950er-Jahre verpasst haben, verweist auf den speziellen Berliner Humor: Ursprünglich wurde in dem Gebäude Damenoberbekleidung produziert.

WILMERSDORFER WITWEN

Wilmersdorf ist vor allem durch seine Witwen bekannt. Die spielen in dem Musical „Linie 1" eine zentrale Rolle, wo sie das Klischee für die Stadtteile im Westen Berlins verkörpern: vermögend und konservativ. Das Bild ist zwar etwas überzogen, einen Funken Wahrheit enthält es aber doch. Die konservativen Parteien dürfen sich in Wilmersdorf regelmäßig über besonders großen Zuspruch freuen, und statistisch gesehen hat der Stadtteil tatsächlich berlinweit den höchsten Anteil alleinstehender Frauen im Pensionsalter.

Das war nicht immer so. Zu Zeiten der Weimarer Republik galt Wilmersdorf als politisch links und war die Heimat unangepasster Künstler.

Das „Waldorf Astoria Berlin“ nicht weit vom Bahnhof Zoo gehört zu den besten Unterkünften der Hauptstadt.

1968 war die Neue Nationalgalerievon Ludwig Mies van der Rohe vollendet. Im Hintergrund sieht man die Matthäuskirche, ein bis 1846 errichteter Ziegelbau von Friedrich August Stüler.

Das Haus der Kulturen der Welt ist seit 1989 in der ehemaligen Kongresshalle untergekommen, einem für die architektonische Moderne beispielhaften Bau.

Die Mall of Berlin, auch LP 12 genannt, entstand an historischer Stelle: Leipziger Platz 12 war die Adresse des berühmten Kaufhauses Wertheim.

ZU ZEITEN DER WEIMARER REPUBLIK GALT WILMERSDORF ALS POLITISCH LINKS UND WAR DIE HEIMAT UNANGEPASSTER KÜNSTLER.

Erich Kästner, Bert Brecht, Helene Weigel, George Grosz, Anna Seghers, Erich Maria Remarque, Max Pechstein und viele andere lebten hier. Rund um den damaligen Laubenheimer Platz – heute Ludwig-Barnay Platz genannt – entwickelte sich eine Künstlerkolonie, die im Volksmund erst als Hungerburg und dann als Roter Block bekannt war. Nach dem Reichstagsbrand sah die SA ihre Chance gekommen, riegelte das Gebiet ab, drang meist mit Gewalt in die Wohnungen ein und verhaftete viele der „linken“ Künstler.

Im Zweiten Weltkrieg wurde Wilmersdorf stark zerstört, als im April 1945 bei der Schlacht um Berlin besonders erbitterte Kämpfe geführt wurden. Und weil man in der Zeit des Wiederaufbaus mehr an Autos als an Menschen dachte, stand der Bau breiter Straßen und Parkplätze ganz oben auf der Agenda der Städteplaner. Dass man dabei gewachsene Wohngebiete mit autobahnähnlichen Traversen durchschnitt, spielte keine Rolle.

Erst in jüngerer Vergangenheit macht man sich daran, die Sünden der Vergangenheit zu heilen und die Wilmersdorfer Plätze attraktiver zu gestalten. Besonders gut ist das beim Rüdesheimer Platz gelungen, der einmal von der „New York Times“ zum schönsten Ort Berlins gekürt wurde. Ob es nicht doch noch schönere

Zwei architektonische Zeitalter: Reichstag und Paul-Löbe-Haus

gibt, darüber mag man endlos diskutieren. Immerhin war die Begründung des amerikanischen Autors stimmig. Er schrieb: „Das Ambiente dieses Platzes mit seinen Blumenbeeten, dem großen Brunnen und den unzerstörten Gründerzeitfassaden in ihrem englischen Landhausstil birgt einen geheimnisvollen Reiz."

Unbeachtet blieb ein originelles Detail. Nämlich das Telefonhäuschen vom Typ TelH78, das zu einer Leihbibliothek umgestaltet wurde. Wer mag, legt seine gelesenen Bücher hier ab und nimmt im Gegenzug ein anderes Buch mit. Im Sommer ist der Platz aber ohnehin einer der Lieblinge der West-Berliner. Dann findet hier nämlich ein geschätztes Weinfest statt – seit 1967 schenken hier die Winzer aus dem Rheingau ihre feinen Tropfen aus.

FEIERN UNTER DER REGENBOGENFAHNE

Schöneberg hat viele Facetten. Aber für eine und wohl seine schillerndste ist der Stadtteil in ganz Berlin und darüber hinaus vor allem bekannt. Der Kiez rund um den Nollendorfplatz ist nämlich das Zentrum für das Berlin unter der Regenbogenfahne. Lesben und Schwule finden hier nicht nur viele Kneipen und Bars, in denen Szenepublikum verkehrt, Schöneberg ist bei ihnen auch als Wohnort

Special

Der Reichstag

Prima Aussicht!

Heute gehört der Reichstag zu den meistbesuchten Sehenswürdigkeiten Berlins. Dabei lag der von 1884 bis 1894 errichtete, im Zweiten Weltkrieg stark beschädigte Bau bis zur Wende nicht nur geografisch im Abseits.

Nach dem Krieg wurde der Reichstag nur notdürftig instandgesetzt. Da Bundestagssitzungen nach dem Viermächte-Abkommen ohnehin nicht in Berlin abgehalten werden durften, sparte man das Geld für die Renovierung. Lediglich Fraktions- und Ausschusssitzungen fanden hin und wieder hier statt. Nach dem Mauerfall trat am 4. Oktober 1990 das gesamtdeutsche Parlament im Reichstag zu einer Sitzung zusammen. Doch das war eher ein symbolischer Akt, an eine dauerhafte Verlagerung des Bundestags nach Berlin dachte man damals noch nicht.

Der märchenhafte Aufstieg des Reichstagsgebäudes zu einer der größten Attraktionen der Hauptstadt begann im Sommer 1995. Christo und Jeanne-Claude hüllten das gesamte Gebäude in silbrig glänzenden Stoff. Die Neugierigen kamen in Scharen, um das Riesenkunstwerk zu bestaunen und auf der Wiese vor dem Reichstag zu feiern. Danach war Sir Norman Foster an der Reihe. Der britische Architekt hatte mit seiner Kuppelidee den Wettbewerb um die Neugestaltung des Reichstages gewonnen. So manchem mag das Herz geblutet haben, als das Reichstagsgebäude entkernt wurde, um Platz für die neuen Ideen zu schaffen. Doch diese Konsequenz hat sich bezahlt gemacht. Die gläserne Reichstagskuppel ist heute eines der Wahrzeichen der Hauptstadt.

Der Deutsche Bundestag eröffnete am 19. April 1999 das umgebaute Reichstagsgebäude mit einer feierlichen Sitzung, und im September desselben Jahres verlegte der Bundestag seinen Sitz endgültig von Bonn nach Berlin.

Das Bundeskanzleramt wurde von Helmut Kohl in Auftrag gegeben. Eingezogen ist dann Gerhard Schröder.

In der gläsernen Kuppel des Reichstags kann man eine Ausstellung zur Geschichte des deutschen Parlaments studieren.

links Gegenüber vom Kanzleramt stehen der Berliner Hauptbahnhof (rechts) und der Cube Berlin, ein würfelförmiges Bürogebäude.

Die Siegessäule wurde 1871 als Denkmal für die siegreichen Kriege Preußens gegen Dänemark, Österreich und Frankreich vor dem Reichstag aufgestellt. Erst 1938/39 kam sie an ihren jetzigen Standort. Wer zur goldenen Siegesgöttin hinaufsteigt, überblickt halb Berlin.

Der Tiergarten ist eine Oase der Ruhe mitten in der trubeligen City – ideal für einen Spaziergang oder einen kleinen Fitnesslauf (links und Mitte rechts).

Bootfahren auf dem Neuen See im Tiergarten

DER TIERGARTEN IST DIE ÄLTESTE UND GRÖSSTE ÖFFENTLICHE GRÜNANLAGE BERLINS.

Im Tiergarten kann man sich und seine Seele baumeln lassen.

Sommer in Berlin: Sonnenbad im „Capital Beach" an der Spree.

Der Berliner Trödelmarkt auf der Straße des 17. Juni ist samstags und sonntags einer der größten Flohmärkte der Stadt.

Charlottenburg in seinem weitläufigen Park gilt als schönstes der Berliner Schlösser.

Hier spielte von 1949 bis 1991 politisch die (West-)Berliner Musik: Bezirksrathaus Schöneberg.

MEHR ALS 60 JAHRE HER UND DENNOCH UNVERGESSEN IN SCHÖNEBERG UND GANZ BERLIN IST KENNEDYS »ICH BIN EIN BERLINER!«.

gefragt. Nur logisch, dass das alljährliche Lesbisch-Schwule-Stadtfest, das auch auf dem Festivalkalender vieler heterosexueller Partyfreunde weit oben steht, in der Schöneberger Motzstraße stattfindet. Mehrere Hunderttausend Besucher zieht es jeden Juli hierher. Zum Auftakt wird vor dem Bezirksrathaus die fröhliche Regenbogenfahne gehisst. Als das vor 30 Jahren das erste Mal geschah, sorgte es in konservativen Kreisen für immense Aufregung. Der ehemalige Bundeswehrgeneral und damalige CDU-Innensenator Jörg Schönbohm versuchte das Aufziehen der Fahne sogar per Dienstanweisung zu verbieten. Vergeblich, der „Skandal“ nahm seinen Lauf.

Schöneberg hat aber schon viel früher für politische Schlagzeilen gesorgt. Zur Zeit der Mauer war Schöneberg quasi die „Hauptstadt“ West-Berlins. Denn das dortige Rathaus war der Amtssitz des Regierenden Bürgermeisters, hier tagte das West-Berliner Abgeordnetenhaus, und auf dem Platz vor dem Rathaus hielt der damalige amerikanische Präsident John F. Kennedy 1963 seine legendäre Rede, in der er sich als Berliner „outete“ und mit der eingeschlossenen Stadt solidarisierte. Bei Touristengruppen aus den USA steht die „Schoeneberg Town Hall“ deswegen bis zum heutigen Tag auf der „Must-see“-Liste eines Berlinbesuchs.

Filmstadt Berlin

HOLLYWOOD AN DER SPREE

Nicht nur deutsche Produzenten, auch amerikanische Filmstudios reißen sich um Berlin als Drehort. Die Branche hat hier eine lange Tradition, angefangen bei der ersten kommerziellen Filmvorführung 1895 über den großen Boom der 1920er-Jahre bis hin zu oscarprämierten Filmen.

Das Kino Zoo Palast in Charlottenburg ist einer der Hauptschauplätze jeder Berlinale.

Berliner sind filmverrückt: Sie pilgern regelmäßig in die mehr als 100 Kinos der Stadt. Sie versammeln sich sonntagabends in Kneipen zum „Tatort"-Public-Viewing. Sie treffen sich in einem Kreuzberger Club, um beim „Filmtablequiz" knifflige Wissensfragen zu lösen – und sorgen während der Berlinale, dem größten Publikumsfestival der Welt, für lange Warteschlangen und ausverkaufte Säle.

Die Region Berlin-Brandenburg hat sich mit rund 5000 Unternehmen in der Film- und Fernsehwirtschaft und fast 48 000 Beschäftigten europaweit einen Spitzenplatz erarbeitet, mehr als 2,6 Milliarden Euro werden dabei im Jahr umgesetzt. Viele, oft junge Firmen haben sich auf Dienstleistungen wie Dekorationsbau, Synchronisation, Spezialeffekte, Kostüm oder Casting spezialisiert. Und so zählt man alleine in Berlin rund 5000 Drehtage im Jahr. Gefragt sind auch die Location Scouts, die jeden Winkel der Stadt und des Umlands nach besonders authentischen, ausgefallenen oder heruntergekommenen Winkeln durchsuchen. Was darf es sein: Historische Bauten? Dann passt der Gendarmenmarkt. Das Flair der DDR-Zeit? Dafür ist die Karl-Marx-Allee ideal. Eine düstere Mondlandschaft? Die lässt sich an den Abraumhalden des Lausitzer Braunkohletagebaus realisieren.

Nicht immer „spielt" die Stadt sich selbst: Mancher Platz musste schon, durch Kulissen verändert oder digital nachbearbeitet, für London oder Moskau herhalten. Sogar der Nahe Osten lag einmal an der Spree: Die fünfte Staffel der US-Fernsehserie „Homeland" (ab 2011) wurde an über 100 Standorten in Berlin und Brandenburg gedreht. Für Spott sorgte der Coup dreier Graffiti-Künstler, die mit arabischen Schriftzeichen für Lokalkolorit sorgen sollten und dabei unbemerkt Kritik an der Serie hineinschmuggelten.

Beim Bummel durch Berlin stößt man unweigerlich auf Produktionsteams bei der Arbeit – oder auf aus Film und Fernsehen bekannte Gesichter: Tom Tykwer in seinem Kiez im Prenzlauer Berg, den einen oder anderen „Tatort"-Kommissar in Pankow

US-Schauspieler George Clooney, immer wieder gerne gesehen auf dem Festival.

Kino International auf der Karl-Marx-Allee (oben). Seit April 2024 ist Tricia Tuttle aus den USA die künstlerische und organisatorische Leiterin der Internationalen Filmfestspiele Berlin (unten).

oder Quentin Tarantino auf Kneipentour durch Kreuzberg. Tom Hanks verirrte sich sogar ins nahe gelegene Eisenhüttenstadt und schwärmte später im US-Fernsehen von den freundlichen Bewohnern der „Iron Hut City".

Der Hype um die Filmstadt hat eine lange Tradition: 1895 schlug hier die Geburtsstunde des kommerziellen Kinos, als die Brüder Max und Emil Skladanowsky im Varieté „Wintergarten" erstmals vor zahlenden Besuchern kurze Filme vorführten. Anfang des 20. Jahrhunderts nahmen die ersten Filmstudios ihre Arbeit auf. Und 1912 feierte die erste Babelsberger Produktion mit Stummfilmstar Asta Nielsen in der Hauptrolle Premiere.

DIE REIHE GROSSER NAMEN

Namen wie Fritz Lang, Ernst Lubitsch und Friedrich Wilhelm Murnau prägten die Goldenen Jahre des Berliner Films in den 1920ern. Aus dieser Zeit stammen Klassiker wie „Metropolis" oder „M – eine Stadt sucht einen Mörder". Auch Marlene Dietrich machte sich damals einen Namen in „Der blaue Engel" – der große Ruhm folgte später in Hollywood. Der Exodus vieler Filmschaffender während der NS-Zeit und die Verfolgung jüdischer und oppositioneller Künstler setzten dem kreativen Output schließlich ein Ende. Über Billy Wilders Komödie „Eins, Zwei, Drei" konnte 1961 niemand mehr lachen – sie startete während des Mauerbaus. Während der Teilung brachte im Westen Arthur „Atze" Brauner unterhaltsame Produktionen wie „Es muß nicht immer Kaviar sein" ins Kino, im Osten versorgte die Deutsche Film AG, kurz DEFA, den Markt – mit politisch angepassten Streifen, aber auch einigen Perlen wie „Die Legende von Paul und Paula" oder der – lange verbotenen – „Spur der Steine". Erst nach der Wende setzte wieder ein Boom der Filmindustrie ein.

Dass Berlin als Filmstadt in den Jahren der Teilung nicht in Vergessenheit geriet, ist vor allem der Berlinale zu verdanken, die 1951 mit der Aufführung von Alfred Hitchcocks „Rebecca" Premiere feierte. Schnell stieg das Event in die Riege der „A-Festivals" auf und spielte fortan mit Cannes und Venedig in einer Liga. Von Anfang an flanierten internationale Stars über den roten Teppich, darunter Henry Fonda, Gary Cooper und Jayne Mansfield. Daran hat sich nichts geändert: 2020 zählten Cate Blanchett und Helen Mirren zu den Gästen, Jeremy Irons leitete die Jury. Doch trotz der Stars hat die Berlinale nie die Bodenhaftung verloren: Der Großteil der Karten ist frei verfügbar – zur Freude der Berliner.

Film und mehr

Das **Museum für Film und Fernsehen** zeigt die Entwicklung des Films von den ersten Stummfilmen bis heute. Ein Highlight ist der Nachlass von Marlene Dietrich. 2025 eröffnet das Haus neu in seinem Zwischenquartier im Industriedenkmal E-Werk (Mauerstr. 79, www.deutsche-kinamathek.de).
Die Website **Kinokompendium** stellt die einzelnen Berliner Kinos mit ihrer Geschichte vor sowie die wichtigsten Filmfestivals (www.kinokompendium.de).
Video Sightseeing verknüpft Bustouren mit passenden Filmausschnitten (https://videosightseeing.de).

WILLKOMMEN IM FRIEDRICHSTADT-PALAST

Berlin-Mitte ist nicht nur das Zentrum der deutschen Politik, sondern glänzt auch mit einer Dichte an Theatern, die in Deutschland einzigartig ist. Mittendrin befindet sich – ein wahrlich beeindruckender Superlativ – die größte Theaterbühne der Welt, der Friedrichstadt-Palast. Die Bühnengeschichte des Palastes reicht bis 1919. Seine Anfänge gehen zurück auf das Große Schauspielhaus unter Intendant und Theatergründer Max Reinhardt. Seit 1984, also über 40 Jahre, steht der Neubau an der Friedrichstraße 107 im Herzen der Hauptstadt.

Jetzt erstrahlt der Palast im 21. Jahrhundert: Seine Grand Shows sind hochmodern in ihrer Ästhetik und sind ausgestattet mit den allerneuesten Hightech-Effekten. Für die New York Times sind die Grand Shows ein absolutes „Must-see"! Hochmodern und unvergesslich. Die spektakulären und fantasievollen Inszenierungen mit farbenprächtigen Kostümen, opulenten Bühnenbildern und mitreißender Musik sind ein voller Erfolg – der Friedrichstadt-Palast ist unter allen Bühnen Deutschlands die meistbesuchte.

Seine Größendimensionen sind unerreicht. Über 100 Künstlerinnen und Künstler aus 28 Nationen zeigen auf einer einzigen Bühne ihr Können und die Gäste sind begeistert. Die 60 köpfige Ballettcompagnie am Palast ist erstklassig und weltweit einzigartig. Ein Highlight jeder Grand Show ist die atemberaubende Kickline.

Ein Highlight in der Vorweihnachtszeit sind die Young Shows des jungen Ensembles für Kinder ab 5 Jahren. Das junge Ensemble ist das größte seiner Art in Europa, bestehend aus rund 240 Kindern und Teenagern aus über 20 verschiedenen Nationen.

Ob Grand Show oder Young Show – das gibt es nur im Friedrichstadt-Palast Berlin, der Nummer 1 für strahlendes Live-Entertainment.

Showszenen: FALLING | IN LOVE Grand Show
Kostümdesign: Jean Paul GAULTIER, SASHA FROLOVA
Fotos: Nady El-Tounsy, Chris Moylan

Hausansicht: Bernd Brundert

Tickets, Infos, Fotos und Showtrailer

www.PALAST.BERLIN

Friedrichstadt-Palast
Friedrichstraße 107
10117 Berlin-Mitte

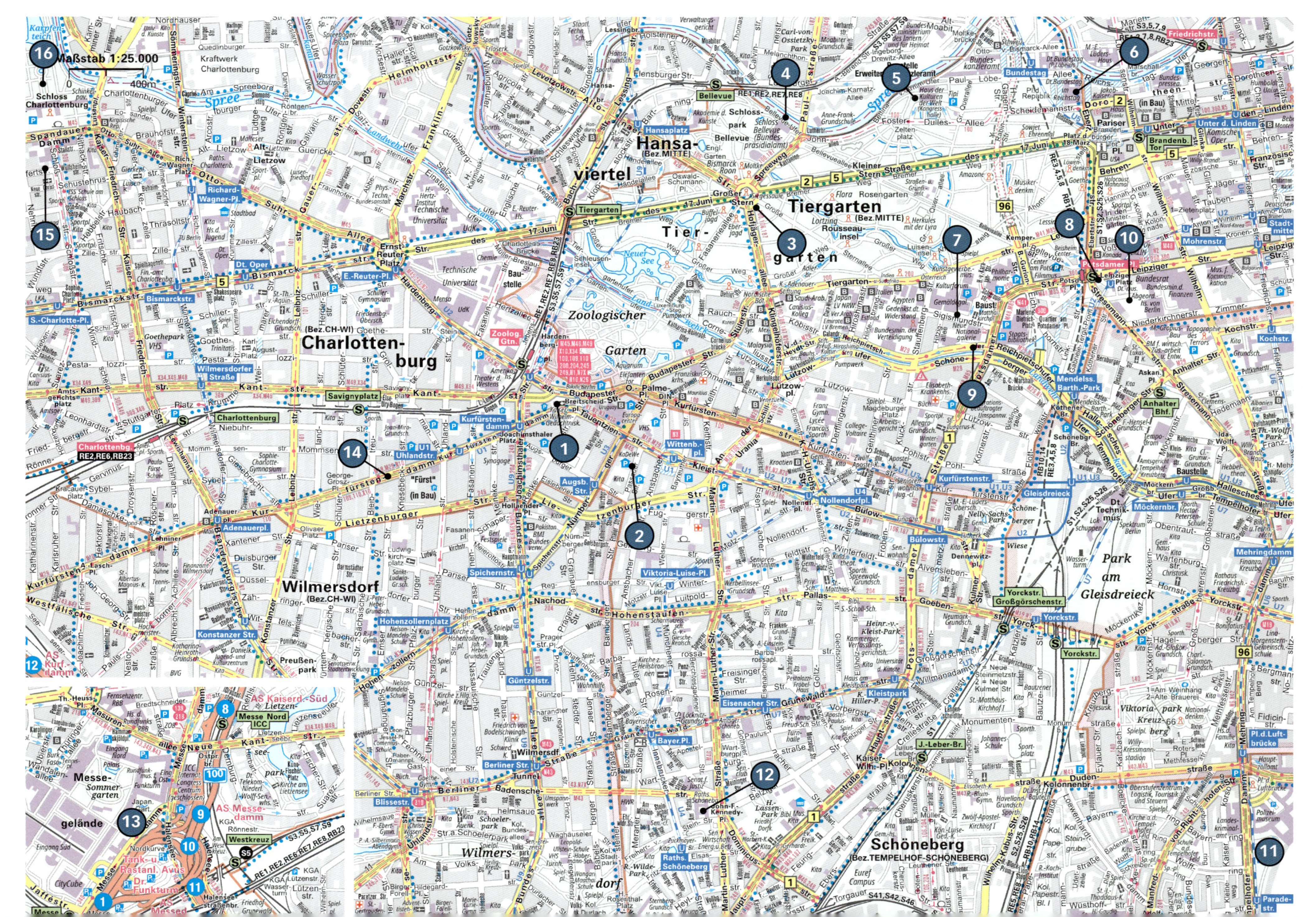

Maßstab 1:25.000
Charlotten-
burg
Hansa-
viertel
Tiergarten
(Bez.MITTE)
Tier-
garten
Zoologischer
Garten
Wilmersdorf
(Bez.CH-WI)
Schöneberg
(Bez.TEMPELHOF-SCHÖNEBERG)
Park
am
Gleisdreieck
Messe-
gelände

DAS HERZ DES WESTENS

City West nennt man die Innenstadtbezirke des einstigen West-Berlins samt ihrer Hauptschlagader – dem berühmten Kurfürstendamm. Nach der Vereinigung von Ost und West wirkte die In-Gegend von einst ein bisschen verstaubt. Heute aber weht wieder ein frischer Wind – spannenden Neuzugängen sei Dank. Am Tiergarten, der grünen Lunge Berlins, haben Bundesregierung und Bundestag ihr Domizil.

Charlottenburg und Wilmersdorf

Charlottenburg mit Schloss und Park und den stattlichen Bauten aus der Gründerzeit gehört zu den vornehmen Wohn- und Shoppingkiezen im Westen Berlins. Das Schloss war einst Zentrum einer erst 1920 nach Berlin eingemeindeten Stadt. Ins Ausgehrevier am Savignyplatz zieht es heute Westnostalgiker um die 50; mit bunter, quirliger Kneipenszene lockt der Stuttgarter Platz. Im südlich angrenzenden Wilmersdorf, ebenfalls erst seit 1920 zu Berlin gehörend, geht es dagegen beschaulicher zu. Aber keine Angst: Die wenigsten alten Damen sind hier so verbiestert wie die „Wilmersdorfer Witwen" im 1980er-Jahre-Musical „Linie 1".

Einkaufen auf dem Kurfürstendamm (links oben). Im Hotel „25hours" (links unten). Gedächtniskirche und Tauentzienstraße (rechts)

SEHENSWERT

Mit ihrem bei einem Bombenangriff 1943 zerstörten Turm ist die neuromanische **1 Kaiser-Wilhelm-Gedächtniskirche** Berliner Wahrzeichen und Anti-Kriegsmahnmal zugleich. Als man die Ruine in den 1950er-Jahren abreißen wollte, flammte Protest auf. Am Ende gab es einen Kompromiss: Die Neubauten von Architekt Egon Eiermann rahmen das kriegszerstörte Überbleibsel ein (Breitscheidplatz; tgl. 10.00–18.00 Uhr). Gleich hinter der Kirche zeigt das **Bikini Berlin,** wie man ein Industriegebäude der 1960er-Jahre in eine coole Shopping-Mall des 21. Jh. verwandeln kann. Der **Zoologische Garten,** artenreichster Zoo der Welt und Deutschlands ältester, liegt in unmittelbarer Nachbarschaft (Hardenbergplatz 8, www.zoo-berlin.de; Mitte März–Mitte Sept. tgl. 9.00–18.30 Uhr, sonst kürzer). Beim Einkaufsbummel im Bikini-Haus kann man die Affen im Außengehege des Zoos beobachten. Auf der anderen Seite der Gedächtniskirche beginnt der **14 Kurfürstendamm** TOPZIEL, Shopping-Dorado für Edelmarken-Freunde.

16 Schloss Charlottenburg TOPZIEL, die immer wieder neuen Bedürfnissen angepasste einstige Sommerresidenz der preußischen Könige, ist das schönste aller Berliner Schlösser (1695–1746). Bei gutem Wetter lohnt ein Bummel durch den Park, wo die beim Volk beliebte, jung verstorbene Königin Luise 1810 in einem vom preußischen Stararchitekten Friedrich Schinkel gestalteten Mausoleum beigesetzt wurde. Bei einer Schlossführung kann man die prachtvollen Räume und die Porzellansammlung Friedrichs I. mit über 3000 fernöstlichen Preziosen bewundern (Spandauer Damm 10-22, www.spsg.de; Nov.–März Di. bis So. 10.00–16.30, April–Okt. Di.–So. 10.00 bis 17.30 Uhr).

Das **13 Messegelände** wird überragt vom **Funkturm,** der Hörfunk- und Fernsehgeschichte geschrieben hat. Ab 1926 wurden Radioprogramme und 1932 die erste Fernsehsendung der Welt von hier ausgestrahlt. Heute lockt der Turm mit Aussichtsplattform und Restaurant (Hammarskjöldplatz, www.funkturm-messeberlin.de; Di.–So. 11.00–22.00 Uhr; Funkturm-Restaurant, Tel. 030 30 38 29 00, Di.–So. 11.00–22.00 Uhr).

MUSEEN

23 Themenräume mit moderner Multimediatechnik machen in **1 Story of Berlin** die Alltagswelt der Berliner in verschiedenen Zeiten erlebbar. Ein Atomschutzbunker aus der Zeit des Kalten Kriegs sorgt für Gänsehaut (Kurfürstendamm 207, www.story-of-berlin.de; wegen Renovierungsarbeiten bis 2026 geschlossen).

Das **15 Museum Berggruen** ist gut mit Werken von Künstlern der Klassischen Moderne bestückt (Schlossstraße 1, www.smb.museum; wegen Sanierungsarbeiten voraussichtlich bis 2026 geschlossen).

HOTEL UND RESTAURANT

Zum Bikini Areal am Breitscheidplatz gehört das 1960er-Jahre-Hochhaus, in dem eines der trendigsten Hotels der Stadt residiert: das €€€€ **25hours Hotel Bikini Berlin.** Aus den unkonventionell gestylten Zimmern blickt man auf die Gedächtniskirche oder in den Zoo. Einen phänomenalen Blick über den Tiergarten bietet die Sauna (Budapester Straße 40, Tel 030 120 22 12 55, www.25hours-hotels.com).

Das €€€ **NENI** residiert im gläsernen Dachgeschoss des „25hours" und bietet zu israelischen und arabischen Gerichten vor allem einen sagenhaften Ausblick über die City West; unbedingt reservieren. Auf der gleichen Etage lockt auch die coole **Monkey Bar** (Budapester Straße 40, Tel. 030 120 22 12 00, Mo.–Fr. 12.00 bis 24.00, Sa./So. ab 12.30 Uhr; Monkey Bar tgl. Mo.–Fr. 13.00–2.00, Sa./So. 12.00–2.00 Uhr).

Schöneberg und Tempelhof

Schöneberg war schon in den 1920ern das Pflaster für extravagantes Ausgehvergnügen, später hat der Kiez als Zentrum der Schwulen- und Lesbenbewegung von sich reden gemacht. Mit kleinen Läden und netten Lokalen empfiehlt sich vor allem die Gegend um den Winterfeldtplatz; Outdoorfans finden ihre Spielwiese auf dem einstigen Rollfeld des stillgelegten Flughafens im östlich angrenzenden Stadtteil Tempelhof.

SEHENSWERT

Das ❷ **Kaufhaus des Westens** (KaDeWe) ist seit 1907 eine Institution für Einkaufsfreuden auf hohem Niveau, legendär ist die Feinkostabteilung (Tauentzienstraße 21, www.kadewe.de; Mo.–Sa. 10.00–20.00, Fr. 10.00–21.00 Uhr). Gleich hinter dem KaDeWe beginnt das vor dem Ersten Weltkrieg entstandene **Bayerische Viertel** mit Gründerzeitbauten, etlichen Restaurants und Cafés. Das ⓬ **Rathaus Schöneberg** (1906–1914) war 1949 bis 1993 Sitz des Regierenden Bürgermeisters und damit politisches Zentrum West-Berlins. Hier sprach US-Präsident John F. Kennedy die legendären Worte „Ich bin ein Berliner". Im ersten Stock ist die Ausstellung „Wir waren Nachbarn" mit über 100 Biografien jüdischer Berliner zu sehen (John-F.-Kennedy-Platz 1; Ausstellung Sa. bis Do. 10.00–18.00 Uhr, Eintritt frei).

Der 1923 eröffnete ⓫ **Flughafen Tempelhof** (Tempelhofer Damm 1; s. auch Karte S. 78) war in den 1930er-Jahren Europas verkehrsreichster Airport; als die Sowjets 1948/49 die Straßen- und Schienenverbindung nach Westberlin blockierten, landeten hier die „Rosinenbomber" der Alliierten. Der riesige Neubau (ab 1934) ist zu besichtigen (Haupteingang Ecke Tempelhofer Damm/Columbia-Damm; www.thf-berlin.de, Besucherzentrum Mi.–Mo. 10.00–17.00 Uhr; Flughafen-Führungen s. Tipp). Das einstige Flugfeld hat sich zu einem Lieblingspark der Berliner entwickelt (www.gruen-berlin.de/tempelhofer-feld; s. S. 61).

Tipp

Berlins einstiges Tor zur Welt

Bei interessanten Themenführungen kann man den Flughafen Tempelhof, noch heute eines der flächengrößten Bauwerke der Welt und mittlerweile unter Denkmalschutz, von innen kennenlernen. Bei den etwa 2 Std. dauernden Führungen erfährt man viel über die Nutzung des Gebäudes im nationalsozialistischen Deutschland oder durch die Alliierten. Man kann aber auch eine Tour zu den „verborgenen Plätzen" des Flughafens buchen.

INFORMATION

Tempelhofer Damm 1, Besucherservice, Tel. 030 24 74 98 88, www.thf-berlin.de; tägl., außer Di., finden mehrere Führungen zu den unterschiedlichsten Themen statt.

Eingangsportal des Zoos (links). Im Kaufhaus des Westens (rechts oben). Gründerzeit an Schönebergs Viktoria-Luise-Platz (rechts u.)

Tiergarten

Der Tiergarten, urspr. ein kurfürstliches Jagdrevier, ist seit Mitte des 18. Jh. die größte öffentliche Grünanlage Berlins und gibt einem ganzen Stadtteil den Namen. In dieser grünen Lunge – im Schloss Bellevue – residiert der Bundespräsident. Am östl. Tiergartenrand liegt das Regierungsviertel, unweit davon der Potsdamer Platz, das alte und neue Herz der Stadt.

SEHENSWERT

Mitten im 210 ha umfassenden **Tiergarten** prunkt die ❸ **Siegessäule,** 1871 als Erinnerung an die siegreichen Kriege Preußens gegen Dänemark, Österreich und Frankreich aufgestellt. Wer zur goldenen Siegesgöttin hinaufsteigt, überblickt in 50 m Höhe die ganze Innenstadt (Großer Stern, April–Okt. Mo.–Fr. 9.30–18.30, Sa./So. bis 19.00 Uhr, sonst kürzer). Am nördlichen Rand der Grünanlage liegt ❹ **Schloss Bellevue,** bis 1785 für Ferdinand, den Bruder des Preußenkönigs Friedrich II., errichtet und seit den 1950ern Berliner Amtssitz des Bundespräsidenten (Spreeweg 1). Das ❺ **Haus der Kulturen der Welt,** früher Kongresshalle und als avantgardistischer Beitrag der USA zur Internationalen Bauausstellung 1957 errichtet, ist heute Ausstellungs- und Veranstaltungsort (John-Foster-Dulles-Allee 10, www.hkw.de).

Am südöstl. Rand des Tiergartens sind das weitgehend durch den Architekten Hans Scharoun gestaltete ❼ **Kulturforum** mit der Philharmonie (bis 1963; Herbert-von-Karajan-Straße 1) und der ❽ **Potsdamer Platz** **TOPZIEL** zu finden. In den ersten Jahrzehnten des 20. Jh. einer der verkehrsreichsten Plätze Europas und quirliger City-Hotspot, lag er nach 1945 unmittelbar an der Sektorengrenze; ab 1961 durch die Mauer geteilt, verkam er zur Brache. In den 1990er-Jahren wurde das Herz der Stadt nach Plänen namhafter Architekten wieder aufgebaut; hier reihen sich eher hochpreisige Einkaufsmöglichkeiten und Theater. Die spektakulärsten Bauwerke sind der Bahn-Tower und der Kollhoff-Tower (94 m/101 m) sowie das wegen seines Zeltdaches auffällige Center am Potsdamer Platz (2000), dessen Innenbereich (u.a. Unterhaltungs- und Gastronomiebetriebe) teilweise noch saniert wird.

REGIERUNGSVIERTEL

Am Ostrand des Parks liegt der ❻ **Reichstag** **TOPZIEL,** Ende des 19. Jh. als Sitz für das Parlament des Kaiserreichs errichtet und nach bewegter Geschichte in den 1990er-Jahren unter der Regie des britischen Stararchitekten Sir

BERLIN IST EINE GROSSARTIGE SAMMLUNG VON ERINNERUNGEN, DENKMÄLERN UND HISTORISCHEN STÄTTEN.

Norman Foster zum Sitz des Deutschen Bundestags umgebaut (Platz der Republik 1, www.bundestag.de; Kuppelbesuch tgl. 8.00–24.00 Uhr, Anmeldung online oder, bei freien Plätzen, vor Ort bei der Anmeldestelle, April–Okt. tgl. 8.00–20.00, sonst 8.00–18.00 Uhr). In Nachbarschaft ist um die Jahrtausendwende das neue Regierungsviertel entstanden; als erster Neubau wurde 2001 das **Bundeskanzleramt** (Willy-Brandt-Straße 1, www.bundesregierung.de) fertiggestellt. Gegenüber liegt das **Paul-Löbe-Haus** (2002; Platz der Republik 1), in dem ein Teil der Abgeordneten seine Büros hat. Auf der anderen Seite der Spree schließt sich das **Marie-Elisabeth-Lüders-Haus** (2003) mit der Parlamentsbibliothek an. Beide Gebäude sind durch eine Brücke verbunden, die symbolisch zum Ausdruck bringen soll, dass die Trennung von Ost und West – einst an dieser Stelle markiert durch die Spree – überwunden ist.

MUSEEN

Das 7 **Kulturforum** präsentiert Berlins europäische Kunst in mehreren Museen (www.smb.museum). Die 1998 eröffnete **Gemäldegalerie** bietet vor allem deutsche und italienische Malerei (13.–16. Jh.) sowie niederländische Malerei (15.–17. Jh.; Di.–So. 10.00–18.00 Uhr).

Die 9 **Neue Nationalgalerie** (Potsdamer Str. 50) stellt Kunst des 20 Jh.s aus. Das Gebäude, von Ludwig Mies van der Rohe erbaut und im Jahr 1968 eröffnet, gilt als Ikone der Klassischen Moderne (Di.–So. 10.00–18.00, Do. bis 20.00 Uhr).

Im **Kunstgewerbemuseum** ist europäisches Kunsthandwerk und Design vom Mittelalter bis zur Gegenwart zu sehen, darunter der mittelalterliche Welfenschatz. Das **Kupferstichkabinett** geht auf 1652 und den Großen Kurfürsten zurück; heute prunkt es mit Werken aus 1000 Jahren „Kunst auf Papier", mit Kunst-, Kultur- und Mediengeschichte vom Mittelalter bis in die Gegenwart (beide Mi.–Fr. 10.00 bis 17.00, Sa./So. 11.00–18.00 Uhr). Das **Musikinstrumentenmuseum** an der Philharmonie präsentiert Instrumente aus dem 16. bis zum 21. Jh.; Audioguides ermöglichen es, deren Klangwelt zu erleben (www.simpk.de; Di. 9.00–13.00, Mi./Fr. 9.00–17.00, Do. 9.00–20.00, Sa./So. 10.00–17.00 Uhr).

Das 10 **Deutsche Spionagemuseum** erzählt die Geschichte Berlins als Hauptstadt der Spione im Kalten Krieg und zeigt mit modernster Ausstellungstechnik die Welt der Spione von biblischen Zeiten bis heute (Leipziger Platz 9, www.deutsches-spionagemuseum.de; tgl. 10.00–20.00 Uhr). Das 8 **Deutschlandmuseum** führt auf sehr erlebnisreichen Wegen durch 2000 Jahre deutsche Geschichte (Leipziger Platz 7, www.deutschlandmuseum.de, tgl. 10.00–20.00 Uhr).

HOTEL UND RESTAURANTS

Direkt am Tiergarten residiert das schicke **€€€€ Hotel Stue** in dem neoklassizistischen früheren dänischen Botschaftsgebäude (1940), drinnen kann man sich im **€€€€ The Casual** verwöhnen lassen (Drakestraße 1, 10787 Berlin, Tel. 030 311 72 20, www.das-stue.com).

ZU GAST BEI GRÜNER MODE

Nachhaltigkeit, Recycling und Upcycling haben längst auch die Modewelt erreicht – und Berlin gilt als wichtiges Zentrum der Szene. Dass man längst aus der Nische herausgewachsen ist, zeigt Loveco, der größte Concept Store für vegane und fair produzierte Mode in Berlin. 2014 hat Christina Wille den ersten Laden in Friedrichshain eröffnet, inzwischen sind weitere in Kreuzberg und Schöneberg gefolgt. Der „Store" im Westen der Stadt ist auch der größte der drei und bietet viel Platz für die ständig wachsende Auswahl an nachhaltiger Frauen- und Männermode. Denn, und das ist die Voraussetzung für die Erfolgsgeschichte, im Laufe der Jahre sind immer mehr Labels dazugekommen, und schon lange kauft man nicht nur wegen des gute Gewissens faire Kleidung. Die kann auch unter modischen Gesichtspunkten mithalten.

Auch das Label Givn mit Sitz im Friedrichshain, das Mode für Damen und Herren herstellt, setzt ganz auf faire Produktionsbedingungen und ökologische Materialien – zum Einsatz kommen zum Beispiel Baumwolle aus kontrolliert biologischem Anbau,

Mittlerweile ist die Auswahl an nachhaltiger Mode groß ...

recycelte Wolle und Fasern aus nachhaltiger Holzwirtschaft. Im Angebot ist auch Second-Hand-Mode.

Einen guten Einblick in kreative, ökologische und nachhaltige Lifestyle-Trends erhält man bei einer Führung mit GoArt!, bei der nicht nur Newcomer der Fashionszene besucht werden, sondern auch kreative Visionäre, Designer und Architekten, die nach ökologischen Ansätzen arbeiten.

Geführte Rundgänge von GoArt! werden maßgeschneidert nach den Interessen der Teilnehmer, es geht zu jungen, nachhaltig arbeitenden Modemachern und in Showrooms (www.goart-berlin.de).

Loveco, Eisenacher Str. 36/37 in Schöneberg. Weitere Läden in der Sonntagstr. 29 (Friedrichshain) und der Kortestraße 14 (Kreuzberg). Der Concept Store von Givn liegt in der Wühlischstr. 15.

Bar

Hippes Berlin

*

PARTY, PUNKS UND BIOSTROM

*

Prenzlauer Berg, Friedrichshain, Kreuzberg, Neukölln sind die Ausgehbezirke Berlins. Die Lust am Feiern vereint. Dabei könnten die Stadtteile unterschiedlicher nicht sein, denn hier leben der grün orientierte Lehrer, der Punker mit Hund, Frauen in Burka. Klischees mögen naheliegen, die doch mehr als einen Funken Wahrheit enthalten.

So entspannt kann ein hektischer Tag ausklingen – Kreuzberger Blick die Spree entlang bis zur Oberbaumbrücke

Prenzlauer Berg. In der Wahrnehmung der Berliner steht dieser Kiez für Ökomütter, die mit Edelkinderwagen unterwegs sind und zwischen Yogakurs und Selbstfindungsgruppe noch schnell beim europaweit größten Biosupermarkt einkaufen. Prenzlauer Berg steht für Lattetrinker und Projektbesprecher. Für Holzfahrrad-Kinder und Bionadekäufer.

Gespritztes Gemüse hat hier keine Chance, und wessen Lampe nicht mit Biostrom leuchtet, muss mit Zurechtweisung durch die Nachbarn rechnen. Ein bisschen was von einem Neureichen hat er schon, der Bezirk Berlins, der nach der Wende einen kometenhaften Aufstieg genommen hat – vom düster-grauen Entlein des DDR-Berlins zum blütenweißen Schwan der Nachwendezeit. Erst kamen Künstler, Hausbesetzer und Alternative, später fand auch der ökologisch orientierte Mittelstand das Viertel schick. Und spätestens dann entdeckten auch die Immobilienhaie den Kiez. Das größte Gründerzeit-Altbaugebiet Deutschlands stieg schnell zu einem der beliebtesten Viertel der Stadt auf – erwartungsgemäß mit entsprechend stark steigenden Preisen für Wohnraum.

AUS DEM WIDERSTANDSNEST IST EIN HEIM DER ARRIVIERTEN GEWORDEN: PRENZLAUER BERG.

BIONADE-MUTTI MIT KINDERWAGEN

Heute ist der Anteil junger Menschen im Prenzlauer Berg hoch. Die Infrastruktur konnte mit der Entwicklung kaum Schritt halten, sodass die Plätze auf Schulen und Gymnasien hart umkämpft sind. Die früheren Unangepassten, inzwischen Etablierten, jene, die es geschafft haben, sind in den Eigentumswohnungen von Prenzlauer Berg sesshaft geworden. Die soziale Durchmischung aber fehlt. Arbeiter, Alte, Arbeitslose sucht man vergebens. Dagegen leben

Typisch Prenzlauer Berg am U-Bahnhhof Eberswalder Straße (oben). Die KulturBrauerei stammt aus einer Zeit, als auch Zweckbauten liebevoll gestaltet wurden; heute sind hier ein Kino, Theater, Konzertveranstalter und Restaurants zu Hause (Mitte). Der Helmholtzplatz wird vor allem am Abend zur Bühne (unten). Die Kombo spielt sich schon mal ein.

Einst verlief hier zwischen Wedding und Prenzlauer Berg die Sektorengrenze: 1994 wurde das ehemalige Bahngelände zum (Freizeit-)Mauerpark.

Der Mauerpark ist ein vielseitiges Veranstaltungs- und Freizeitgelände. Beliebt ist der sonntägliche Flohmarkt.

Das Restaurant „Pirates“ bietet einen herrlichen Blick auf Berlins schönste Spreequerung: Die Oberbaumbrücke verbindet Kreuzberg mit Friedrichshain.

Blick durch die Friedrichshainer Bänschstraße auf die Samariterkirche. Das Gotteshaus aus wilhelminischer Zeit war ein Zentrum der DDR-Opposition.

hier inzwischen wesentlich mehr Ausländer als früher, darunter viele Franzosen, Italiener, Spanier und Polen. Menschen, die es wie ihre deutschen Nachbarn im Laufe ihres Lebens zu etwas gebracht haben und jetzt im „hippen“ Berlin sesshaft geworden sind.

Heute leben die Wohlhabenden im Prenzlauer Berg, früher waren es die Armen. Die Besiedlung des Gebiets begann relativ spät. Noch im 18. Jahrhundert endete Berlin an der Torstraße, die heute die Grenze zum Stadtteil Mitte bildet und die so heißt, weil an ihr die Stadttore standen. Später erbaute man dann am „Prenzlauer Berg“ Mühlen. Hier, 30 Meter über der Stadt, wehte der meiste Wind. Und schließlich siedelten sich Mitte des 19. Jahrhunderts Brauereien an. Der „Höhenzug“, nach dem das Viertel den „Berg“ im Namen trägt, bot günstige Voraussetzungen, um Gärkeller zu bauen. Außerdem gab es auch damals nur vor den Toren der Stadt genügend Platz für Brauereien und deren große Biergärten. Prenzlauer Berg wurde zu einem Ausflugsziel, zu dem man am Wochenende hinausfuhr oder -spazierte.

FREIRAUM IM UNTERDRÜCKERSTAAT

Mit der Industrialisierung in der zweiten Hälfte des 19. Jahrhunderts nahm die Bevölkerung sprunghaft zu, viele Menschen suchten Arbeit in Berlin, der damals

Die Simon-Dach-Straße in Friedrichshain gehört am Abend den Kiezgängern.

siebtgrößten Stadt der Welt. Jetzt musste auch jenseits der Torstraße gebaut werden, in dem neu entstehenden Stadtviertel wohnten vor allem die Arbeiter. Entsprechend klein waren die Wohnungen und beengt die Lebensverhältnisse. Prenzlauer Berg wurde zum am dichtesten bevölkerten Stadtteil Berlins. Immerhin: Im Zweiten Weltkrieg hatte man Glück im Unglück. „Prenzlberg" blieb von Zerstörungen weitgehend verschont, am Kriegsende waren über 70 Prozent der Gebäude nicht oder nur leicht beschädigt.

Die Einwohner vom Prenzlauer Berg galten schon immer als aufsässig, und das blieben sie auch zu DDR-Zeiten. In den Hinterhöfen des Viertels lebten damals diejenigen, die sich – zumindest gedanklich – vom Staat verabschiedet hatten und sich hier Freiräume schufen – im wörtlichen und übertragenen Sinn. In der Gethsemanekirche traf sich die DDR-Opposition, die Kirche wurde zum Symbol für den gewaltfreien Protest.

Heute ist das Nachtleben des Kiezes eine Mischung aus dem alten unangepassten Prenzlauer Berg und dem neuen etablierteren. Gediegene Restaurants rund um den Kollwitzplatz, Cafés am Helmholtzplatz und rund um den Wasserturm sind Anziehungspunkte für alle, die ein gutes Glas Wein einer durchtanzten Nacht vorziehen. In den Clubs rund um die KulturBrauerei trifft sich die Partygemeinde. Unaufgeregte „Klassiker" wie „Speiches Rock- und Blueskneipe" in der Raumer- und das „August Fengler" in der Lychener Straße sorgen für das Gegengewicht zum Gentrifizierungswahn. Und im „Prater Biergarten" sitzen im Sommer Einheimische und Touristen gemeinsam unter den Kastanien.

DIE PARTYBAHN NACH FRIEDRICHSHAIN

Das Partyvolk kommt zwar zum Tanzen durchaus noch nach Prenzlauer Berg, ansonsten haben die Jungen aber Friedrichshain für sich entdeckt. Dorthin fährt man von der „Ecke Schönhauser", dem Hotspot des Nightlife im Prenzlauer Berg, mit der Straßenbahn M10, Berlins

Kreuzberg (hier am Schlesischen Tor) bietet für jeden etwas – für den jungen Familienvater, den Moscheebesucher wie den Partygänger.

Der Bergmannkiez mit seiner gleichnamigen Hauptausgehmeile ist eines der großen Zentren der Berliner Abendszene.

Pfingsten in Kreuzberg: Der Karneval der Kulturen ist ein bunter multikultureller Straßenumzug.

bekanntester Tramlinie. Tagsüber unterscheiden sich deren Fahrgäste nicht von denen anderer Berliner Straßenbahnen. Abends aber trifft sich hier das Feierpublikum auf dem Weg von einem Club zum nächsten – auffällig viele Berlinbesucher aus dem Ausland sind dann mit der „Partybahn" unterwegs.

Im Internet wird auf einschlägigen Seiten neben den Berliner Clubs auch die M10 gelistet. Die Userin Lydia schreibt über die Bahn: „Was sich da am Wochenende abspielt, will ich niemandem vorwegnehmen, aber es kann durchaus laut, dumm und unterhaltsam sein, manchmal auch eine Grenzerfahrung, wenn es Fahrgästen plötzlich durch übermäßigen Alkoholkonsum nicht mehr ganz so rosig geht."

PUNKS UND PARTYVOLK

Friedrichshain ist ein verhältnismäßig junger Bezirk. Bis 1920 gingen hinter dem Frankfurter Tor schon die Vororte los. Zudem lag das ehemalige Stadttor Richtung Frankfurt/Oder nicht dort, wo sich heute die gleichnamige Bahnstation befindet, sondern viel weiter westlich – also stadteinwärts auf Höhe der Weberwiese. In der Zeit vor dem Zweiten Weltkrieg war Friedrichshain die Hochburg der Linken. Die Kommunisten gaben gegen den braunen Terror nicht klein bei. Schlägereien und Saalschlachten zwischen den politischen Gegnern waren an der Tagesordnung. Bei einer solchen Prügelei kam 1930 Horst Wessel, SA-Sturmführer und „Chef" einer besonders brutalen Nazi-Schlägertruppe, ums Leben. Das blieb unvergessen, und nach der braunen Machtübernahme nannten die Nazis Friedrichshain in Horst-Wessel-Stadt um. Nach der Wende zog es die linke Klientel wieder in den Bezirk – im Samariterkiez ist die Punk- und Hausbesetzerszene fest etabliert, es kommt immer wieder mal zu Auseinandersetzungen mit Ordnungshütern. Das Partyvolk hält sich lieber in der Gegend um die Simon-Dach-Straße und den Boxhagener Platz auf. Oder man feiert – wenn es alternativer sein soll – auf dem RAW-Gelände, dem früheren Reichsbahnausbesserungswerk in der Nähe der Revaler Straße.

Nur ein paar Hundert Meter vom RAW entfernt, in dem von 1867 bis in die Zeit unmittelbar nach der Wende Lokomotiven repariert wurden, liegen die East Side Gallery und die Oberbaumbrücke – beides Zeugen schmerzhafter deutscher Geschichte. Die bunt bemalte East Side Gallery entstand aus dem „antifaschistischen Schutzwall", der Mauer, die Ost- und Westberlin trennte und an der viele Menschen ihr Leben verloren. Die Oberbaumbrücke, die vielen als die schönste Berlins gilt, war im Zweiten Weltkrieg stark zerstört worden und danach als Grenzbrücke eher ein Symbol der Trennung als Verbindung. Heute führt sie, 1896 im neugotischen Stil erbaut und nach der Wende von dem weltberühmten Architekten Santiago Calatrava renoviert, hinüber nach Kreuzberg.

DROGEN UND ÖKOMÜSLI

Vor der Wende war Kreuzberg – um genauer zu sein, SO 36, der „Südostteil" des Kiezes, benannt nach der damaligen Postleitzahl – ein Sammelbecken vieler Aussteiger der Bundesrepublik. Die Mauer, die den Bezirk von drei Seiten einschloss, schuf hier eine Art Refugium für die Alternativszene. Hausbesetzer und Bundeswehrflüchtlinge kamen, und alle anderen, die mit der Nachkriegsbundesrepublik nicht zurechtkamen. Niemand interessierte sich ernsthaft für dieses Ende der „westlichen" Welt, und so entstanden hier Freiräume wie nirgends sonst in Deutschland. Noch heute ist SO 36, die Gegend um den Görlitzer

Feiern über dem Landwehrkanal auf der Kreuzberger Admiralsbrücke.

DIE DROGENHÄNDLER AM RANDE DES PARKS GEHÖREN HIER GENAUSO ZUM STADTBILD WIE VERSCHLEIERTE FRAUEN, PARTYGÄNGER UND FAMILIEN MIT KINDERN.

Park, der wildere Teil Kreuzbergs. Die Drogenhändler am Rande des Parks gehören hier genauso zum Stadtbild wie verschleierte Frauen, Partygänger und Familien mit Kindern. Trotz aller Konflikte funktioniert das Nebeneinander. Das andere Kreuzberg, Kreuzberg 61, der Kiez rund um die Bergmannstraße, gehört inzwischen zu den beliebtesten Wohnlagen der Stadt. Draußen in der Sonne am „Latte" schlürfen, dann noch einen Prosecco und zum Abschluss einkaufen beim Ökohändler in der Markthalle – so sieht das perfekte Wochenende eines „Neukreuzbergers" aus. Die Kneipen jenseits der Gneisenaustraße überlässt er den Alteingesessenen, den Weg hinauf zum Viktoriapark auf dem eigentlichen Kreuzberg, mit der Aussicht über Berlin, den Touristen.

HEINZ B. UND DIE RÜTLISCHULE

Neukölln ist der etwas schmuddeligere Nachbar Kreuzbergs. Wer hier ausgeht, ist jung und wild – oder hält sich dafür. Die Kneipen sind uriger, aber auch ruppiger. Touristen verirren sich nur selten in die Tiefen des Bezirks.

Doch das gilt nicht für alle Teile Neuköllns. Die Gentrifizierung wagt sich auch hierher vor. In Kreuzkölln beispielsweise – der Volksmund nennt die an Kreuzberg grenzende Gegend rund um den Reuterplatz so – unterscheidet sich das Publikum in den Kneipen kaum noch von dem in den „reicheren" Bezirken. Das haben auch die Immobilienmakler gemerkt, die Preise des einst so günstigen Stadtteiles steigen an. Wer im Reuterkiez wohnen will, muss inzwischen tief in die Tasche greifen.

Trotzdem: Viele Probleme sind auch hier nicht gelöst – die Arbeitslosenquote liegt bei ca. 13 Prozent, ganze Familien leben von staatlicher Unterstützung. Darauf wies der einstige Bezirksbürgermeister Heinz Buschkowsky immer wieder boulevardpassend hin. Mit seiner griffig formulierten Aussage, Multikulti sei gescheitert, brachte er es in den 2010er-Jahren zum Talkshow-Liebling.

Im Reuterkiez liegt auch die Rütlischule, seit 2006 bundesweit bekannt, weil die Lehrer dort „SOS funkten" und in einem Brandbrief klarmachten, sie könnten der Gewalt durch Schüler nicht mehr standhalten. Inzwischen hat man die Rütlischule in Campus Rütli umbenannt und mit Bildungsprojekten für Aufsehen gesorgt. So entwarfen die Schüler beispielsweise eine eigene Kleiderkollektion und vermarkten diese. Die Horrorschule wurde zum Prestigeprojekt, das, so ist zu hoffen, die positiven Entwicklungsmöglichkeiten des gesamten Stadtteils nur vorwegnimmt.

Das Straßencafé wird zum Wohnzimmer – auch in der Oranienstraße in Kreuzberg.

Die Berliner nutzen jedes bisschen Grün: am Urbanhafen des Landwehrkanals (Mitte links). Multikulti in Neukölln (Mitte rechts).

Graffiti in Kreuzberg – kein Quadratmeter bleibt unbehelligt.

Markthallen

TAPAS, TOFU, THAI-BURGER

Ende des 19. Jahrhunderts entstanden in Berlin 14 große Markthallen. Zeitweise als altmodische Relikte beinahe in Vergessenheit geraten, erleben die verbliebenen Markthallen **TOPZIEL** *heute ein Revival als Pilgerstätten für „Foodies" – allen voran die „Halle Neun".*

Punkt 17 Uhr ertönt eine Glocke: Der Street Food Market ist eröffnet. Überall in der Kreuzberger „Markthalle Neun" wird gebrutzelt und geschmort, Bier gezapft und Wein ausgeschenkt. Es gibt Backschwein aus der Uckermark, frisch geräucherten Fisch aus Mecklenburg, portugiesische Küchlein und chinesische Maultaschen, türkische Meze, „Naanwiches" mit indischem Käse und als Burger getarntes koreanisches Street Food. Veganer, Vegetarier oder überzeugte Fleischesser: Alle finden hier ihr Schlaraffenland.

Spanischer Schinken, französisches Brot, italienischer Wein – Berlins Markthallen bieten, was das Herz begehrt.

Der „Street Food Thursday" gehört zu den beliebtesten Events in der 1891 eröffneten Markthalle. Der Backsteinbau ist ein Schmuckstück: Gusseiserne Pfeiler tragen das Dach über dem Mittelschiff dieser Kathedrale der Kulinarik, die Sonne schimmert durch die Fenster über den Querschiffen. 14 dieser Markthallen gab es gegen Ende des 19. Jahrhunderts, errichtet auf Beschluss des Berliner Magistrats. Sie sollten die Lebensmittelversorgung der Bevölkerung verbessern.

Einige historische Bauten blieben erhalten: neben der „Halle Neun" u.a. die Arminiushalle in Moabit und die Ackerhalle in Mitte. Die meisten sind verschwunden: zerstört im Krieg, verdrängt durch Kaufhäuser. Noch vor zehn Jahren interessierte sich niemand für die alten Hallen – Shoppen in großen Einkaufszentren war angesagt. Inzwischen haben sie sich wieder ihre Nische als Kieztreff erobert.

Als die „Halle Neun" 2009 zum Verkauf ausgeschrieben wurde, waren die Marktstände verwaist, allein zwei integrierte Discounter hielten die Stellung. Den Zuschlag erhielten zur späteren Freude aller nicht der meistbietende Investor, der den Bau abreißen wollte, sondern drei junge, enthusiastische Food-Fans. „Für mich war es immer schon ein Traum, eine Markthalle zu managen", sagt Florian Niedermeier, einer der Gründer. Ihr Konzept setzt auf kleinteilige Produktion sowie regionale und saisonale Produkte. „Die Stadt hat keine große kulinarische Tradition, aber eine wahnsinnig lebendige, junge Klientel, die sich für das Thema interessiert", schwärmt Niedermeier. „Für mich ist Berlin im Moment die spannendste Stadt im Food-Bereich."

Inzwischen haben 30 neue Firmen in der Halle ihren Sitz: Beispielsweise die Backkünstlerin Yao Guo, die an ihrem Stand traditionelle Pekinger und andere nordchinesische Leckereien und Teehaus-Gebäck wie blumige Bohnenkuchen, Mochirollen oder Jasmin-Teekuchen verkauft. Oder Jörg Förstera, der mit seiner glä-

Ein Wochenmarkt, wie man ihn sich wünscht, und das noch unter einem schützenden Dach: Halle Neun in Kreuzberg (links). Beim Street Food Thursday dort lässt sich kulinarisch die Welt bereisen (rechts).

sernen Fleischerei „Kumpel & Keule" den „ehrlichen Fleischgenuss" zurückbringen möchte.

Die „Halle Neun" hat den Kult um Nachhaltigkeit, Handarbeit und Genuss auf die Spitze getrieben. Zu den Events strömen inzwischen Besucher aus der ganzen Stadt. Gleichzeitig ist das Nebeneinander verschiedener Welten zu spüren: Während in einem Teil des Gebäudes geschlemmt wird, pilgern im anderen betagte Damen und tief verschleierte türkische Frauen zu dem weiterhin hier ansässigen Dorgeriemarkt, ohne dem hippen Treiben auch nur einen Blick zu schenken. Kontraste, die untrennbar mit Berlin verbunden sind.

Informationen

Die 1888 eröffnete **Ackerhalle** (Mitte, Ackerstraße 23), urspr. Markthalle IV, ist heute Domizil eines Supermarktes.
Die **Arminiusmarkthalle**, 1891 als Markthalle X in Betrieb genommen, vereint traditionelle Marktstände mit Bars, Cafés und Restaurants (Moabit, Arminiusstraße 2, www.arminiusmarkthalle.com; Mo.–Sa. 8.00–22.00, einige Restaurants schießen bereits um 21.00 Uhr).
Die **Marheineke Markthalle,** 1951 als Nachfolger der urspr. Markthalle XI im Bergmannkiez eingeweiht, vereint ein hochwertiges Marktangebot mit Gastronomie (Kreuzberg, Marheinekeplatz, www.meine-markthalle.de; Mo.–Fr. 8.00 bis 20.00, Sa. 8.00–18.00 Uhr).
Die **Markthalle Neun** wurde 1891 als Markthalle IX eröffnet (Eisenbahnstraße 42, www.markthalleneun.de; Mo. bis Fr. 12.00–18.00, Sa. 10.00–18.00, Street Food Thursday Do. 17.00–22.00 Uhr).

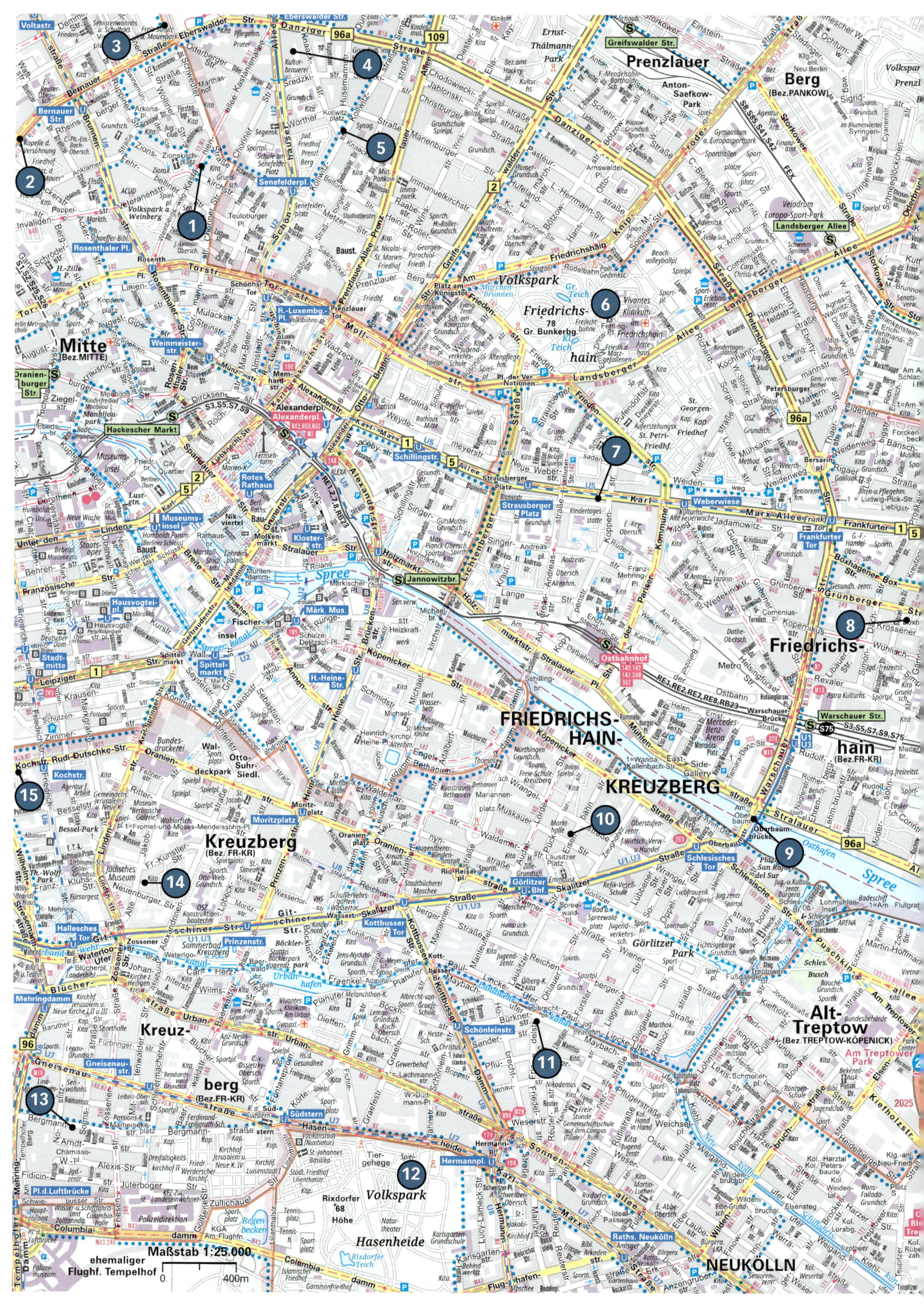

Prenzlauer
Berg
(Bez.PANKOW)
Mitte
(Bez.MITTE)
Volkspark
Friedrichs-
hain
Friedrichs-
hain
(Bez.FR-KR)
FRIEDRICHS-
HAIN-
KREUZBERG
Kreuzberg
(Bez.FR-KR)
Kreuz-
berg
(Bez.FR-KR)
Alt-
Treptow
(Bez.TREPTOW-KÖPENICK)
NEUKÖLLN
Volkspark
Hasenheide
Görlitzer
Park
Spree
Alexanderpl.
Hackescher Markt
Jannowitzbr.
Ostbahnhof
Warschauer Str.
Greifswalder Str.
Landsberger Allee
Frankfurter Tor
Schlesisches Tor
Görlitzer Bhf.
Kottbusser Tor
Hallesches Tor
Mehringdamm
Gneisenau-str.
Südstern
Hermannpl.
Schönleinstr.
Prinzenstr.
Moritzplatz
Kochstr.
Stadtmitte
Spittelmarkt
Märk. Mus.
Heinrich-Heine-Str.
Klosterstr.
Rotes Rathaus
Schillingstr.
Strausberger Platz
Weberwiese
Senefelderpl.
Rosenthaler Pl.
Rosa-Luxemburg-Pl.
Weinmeisterstr.
Bernauer Str.
Voltastr.
Oranienburger Str.
Hausvogteipl.
Museumsinsel
Pl.d.Luftbrücke
Raths. Neukölln
Platz der Vereinten Nationen
Ehemaliger Flughf. Tempelhof
Maßstab 1:25.000
0
400m
1
2
3
4
5
6
7
8
9
10
11
12
13
14
15

DAS SZENEGESICHT BERLINS

Nach der Wende waren die Ost-Stadtteile Mitte, Prenzlauer Berg und Friedrichshain plötzlich „in" – beim Partyvolk und auch zum Wohnen. Gern gefeiert wird aber auch im „westlichen" Kreuzberg und in Neukölln.

Prenzlauer Berg

Der Prenzlauer Berg war in den Jahrzehnten nach der Wende der Shooting Star unter den Berliner Kiezen. In den heruntergekommenen Arbeiterquartieren entstanden, aufwendig saniert, die teuersten Wohnungen der Stadt. Die alternative Szene ist deshalb längst weitergezogen. Hip ist Prenzlauer Berg auch heute noch – manch einer glaubt aber, der Stadtteil habe seine beste Zeit schon wieder hinter sich …

SEHENSWERT

Die 1 **Kastanienallee** **TOPZIEL** ist eine der großen Ausgehstraßen des Prenzlauer Bergs. Hier sind besonders viele Cafés, Restaurants und Boutiquen zu finden. In den letzten Jahren ein wenig zum Laufsteg des Viertels geworden, geht es auf der „Casting-Allee" auch darum, „gesehen zu werden".

Wichtige Orte fürs Ausgehpublikum sind **Helmholtzplatz** (nördl. außerhalb des Detailplans) und 5 **Kollwitzplatz;** ein Kollwitzdenkmal (1959) steht auf dem Spielplatz, in dem im Krieg zerstörten Eckhaus Kollwitz-/Knaackstraße hat die Bildhauerin gelebt. Rund um den 1877 erbauten **Wasserturm,** dem Wahrzeichen des Kiezes südl. des Kollwitzplatzes, liegen ebenfalls viele Kneipen; beliebt sind die tortenstückartig geschnittenen Wohnungen im Turm. Der Maschinenraum des Turms war im Dritten Reich Gefängnis und Folterkeller der SA (Gedenktafel).

Die **Gethsemanekirche** (nördl. außerhalb der Detailkarte, Stargarder Straße 77, https://ekpn.de/vier-kirchen/gethsemane; Mo.–Fr. 9.00 bis 18.00 Uhr), erbaut in den 1890er-Jahren, war im Wendeherbst 1989 Treffpunkt der DDR-Opposition; passenderweise fand 1990 hier der Eröffnungsgottesdienst der einzigen frei gewählten DDR-Volkskammer statt.

DDR-Geschichte kann man auch in der 2 **Gedenkstätte Berliner Mauer** in der Bernauer Straße nachempfinden; auf einer Länge von über einem Kilometer wird hier an einem Originalabschnitt der Mauer die Geschichte der deutsch-deutschen Teilung nacherzählt. Hintergrundinformationen bietet das Dokumentationszentrum (Bernauer Straße 119, www.stiftung-berliner-mauer.de; Di.–So. 10.00 bis 18.00 Uhr); ein Aussichtsturm ermöglicht einen Blick über das Gelände an der ehemaligen Grenze. (s. a. S. 95)

Im „Prater"-Biergarten in Prenzlauer Berg (links). In der Gethsemanekirche (rechts oben). Boutique in der Kastanienallee (rechts unten)

MUSEUM

Im 4 **Museum in der KulturBrauerei** ist die Ausstellung zum „Alltag in der DDR" zwischen politischem System und der Lebenswirklichkeit untergebracht (Knaackstraße 97, www.hdg.de/museum-in-der-kulturbrauerei; Di.–Fr. 9.00 bis 18.00, Sa./So. 10.00–18.00 Uhr).

ERLEBEN

Der Name 4 **KulturBrauerei** kommt nicht von ungefähr. In dem großen Areal mit Großkino, mehreren Theatern, Konzert- und Veranstaltungsräumen sowie Restaurants wurde einst Bier gebraut. Das ehem. Gebäude der Schultheiss-Brauerei wurde bis 1891 von Franz Schwechten, dem Architekten des Anhalter Bahnhofs und der Kaiser Wilhelm-Gedächtniskirche, erbaut (Schönhauser Allee 36, www.kulturbrauerei.de).

Der 3 **Mauerpark** erstreckt sich auf dem ehem. Grenzstreifen zwischen Ost- und Westberlin (www.mauerpark.info), am Sonntagnachmittag treffen sich hier Hunderte zum Karaoke, man shoppt auf dem Flohmarkt (www.flohmarktimmauerpark.de; So. 9.00–18.00 Uhr) oder kehrt im „Biergarten Mauersegler" ein (www.mauersegler-berlin.de; Mai–Okt. tgl. 14.00–2.00 Uhr).

BIERGARTEN

Der € **Prater** ist eine der beliebtesten Freiluftoasen im Zentrum der Hauptstadt. Hier sitzt man im Sommer unter Kastanien und genießt süffiges „Praterpils". Kleine Imbisskarte (Kastanienallee 7; April–Sept. bei schönem Wetter tgl. ab 12.00 Uhr).

INFORMATION

Tourist Information, Maschinenhaus der KulturBrauerei, Schönhauser Allee 36, Tel. 030 44 35 21 70, www.pankow-weissensee-prenzlauerberg.berlin

Friedrichshain

Party und Punk, beides findet man in Friedrichshain, einem früheren Kleine-Leute-Revier. Rund um die Simon-Dach-Straße wird bis in die Nacht hinein gefeiert und konsumiert, in der Rigaer Straße kämpft die Hausbesetzerszene gegen „Mietwucher und Kapitalismus". Im Rest des Stadtteils geht es immer noch relativ

Wasserfall im Viktoriapark (links oben). Beim Karneval der Kulturen (links unten). Blick nach Treptow von der Oberbaumbrücke (oben)

entspannt zu. Die Immobilienbranche boomt indessen – Friedrichshain entwickelt sich ähnlich wie der Prenzlauer Berg.

SEHENSWERT

Der 6 **Volkspark Friedrichshain** ist der älteste Park Berlins. Er wurde 1840 anlässlich des 100-jährigen Thronjubiläums von Friedrich dem Großen eröffnet. Wahrzeichen des beliebten Parks ist der Märchenbrunnen am westl. Eingang. Im Zweiten Weltkrieg wurden im Park zwei Flakbunker errichtet; deren Ruinen und weiterer Kriegsschutt bildeten die Grundlage für den 78 m hohen **Großen Bunkerberg,** im Volksmund Mont Klamott genannt.
Auf der fast 2 km langen und 90 m breiten 7 **Karl-Marx-Allee** fanden zu DDR-Zeiten die großen Paraden und Aufmärsche statt. Die Wohnblöcke beiderseits wurden in den 1950er-Jahren zum Teil von Freiwilligen im stalinistischen Zuckerbäckerstil erbaut. Wer mitmachte, erhielt je nach Arbeitseinsatz Lose für die Zuteilung einer Wohnung. Die repräsentativ-sozialistische Prachtmeile, die bis 1961 Stalin-Allee hieß, war Kulisse des Arbeiteraufstands am 17. Juni 1953, der bekannterweise von sowjetischen Panzern niedergeschlagen wurde.
Die 9 **Oberbaumbrücke** (1894–1896) mit ihren beiden Türmen gilt vielen als die schönste Brücke der Stadt. 1945 während der Schlacht um Berlin gesprengt und zunächst notdürftig repariert, wurde sie nach der Wende nach Plänen des Architekten Santiago Calatrava renoviert und verbindet Friedrichshain mit Kreuzberg. Von der Brücke aus kann man in der Spree die **Molecule Men** (1999) erkennen; die Drei-Personen-Skulptur des amerikanischen Künstlers Jonathan Borofsky symbolisiert die drei Ortsteile Kreuzberg, Treptow und Friedrichshain, die an dieser Stelle aneinandergrenzen. Die benachbarte **East Side Gallery** ist das längste erhaltene Teilstück der Berliner (Hinterland-)Mauer und heute mit einer Gesamtlänge von 1,3 km größtes Kunstwerk der Stadt. 1990 wurde das Mauerstück von 118 Künstlern aus 21 Ländern bemalt. Gegenüber der Gallery liegt die **Uber Arena**, die größte Mehrzweckarena der Stadt mit Plätzen für über 15 000 Besucher.

ERLEBEN

Der Flohmarkt am 8 **Boxhagener Platz** ist ein idealer Ort für Schnäppchenjäger (So. 10.00 bis 18.00 Uhr). Am Platz liegen zahllose Cafés, sodass man den Bummel jederzeit zur Stärkung unterbrechen kann.

Kreuzberg

„Kreuzberger Nächte sind lang." Das waren sie zu Mauerzeiten, und sie sind es jetzt umso mehr. Denn das ebenfalls in der zweiten Hälfte des 19. Jh. für das immer größer werdende Arbeiterheer Berlins angelegte Wohnviertel ist ein Wendegewinnler. Aus einer Randlage, an drei Seiten eingeklemmt von der DDR-Grenze, ist Kreuzberg ins Herz Berlins gerückt. Als Ausgeh-Location war Kreuzberg früher bei eher alternativer Klientel gefragt, heute sind hier ebenso die „etablierteren" Partygänger unterwegs.

SEHENSWERT

Die beliebteste Ausgehgegend in Kreuzberg ist der 13 **Bergmannkiez** mit der gleichnamigen Straße als Zentrum. Hier steht auch die Marheineke-Markthalle (s. auch S. 77).
In der Nähe und nördl. vom Flughafen Tempelhof liegt der **Viktoriapark** (westl. außerhalb der Detailkarte, s. Karte S. 62) mit dem 66 m hohen namengebenden Kreuzberg. Von dessen Spitze hat man – am Fuß des von Schinkel erbauten Nationaldenkmals (bis 1821) zur Erinnerung an die Befreiungskriege 1813 bis 1815 – den besten Blick über den Kiez.

Tipp

Für Großstadtromantiker

Auf der Modersohnbrücke treffen sich die Großstadtromantiker im Sommer zum Sonnenuntergang. Von der unscheinbaren Stabbogenbrücke im Bezirk Friedrichshain bietet sich ein freier Blick auf die Stadtsilhouette mit dem Fernsehturm im Zentrum. Die letzten Sonnenstrahlen werden von den Gleisen der S-Bahn, die unter der Brücke hindurch fährt, reflektiert. Das Rattern der Züge ersetzt das Zwitschern von Vögeln. Berlingefühl pur!

INFORMATION
Die Modersohnbrücke liegt in der Mitte zwischen den beiden S-Bahn-Stationen Warschauer Brücke und Ostkreuz

MUSEEN

Das 14 **Jüdische Museum** ist stolz auf eines der spektakulärsten Museumsgebäude weltweit. Geschaffen von Daniel Libeskind, soll das 1999 eröffnete Bauwerk an einen zerschlagenen Davidstern erinnern. Das Berliner Museum ist das größte seiner Art europaweit und befasst sich auch ausführlich mit dem Holocaust. Die Ausstellung geht aber auch auf viele Aspekte der langen deutsch-jüdischen Geschichte ein (Lindenstraße 9, www.jmberlin.de; tgl. 10.00–18.00 Uhr).
Auf dem Gelände des ehem. Hauptquartiers der Gestapo von 1933 bis 1945 erinnert die Ausstellung 15 **Topographie des Terrors** (s. auch Karte S. 40) an die Schreckensherrschaft der Nationalsozialisten (Niederkirchnerstraße 8, www.topographie.de; tgl. 10.00–20.00 Uhr, empfehlenswerter Audioguide).
Im benachbarten **Martin Gropius Bau,** 1881 im Neorenaissance-Stil erbaut, finden regelmäßig bedeutende Wechselausstellungen statt (Niederkirchnerstraße 7, www.gropiusbau.de; Mi.–Mo. 12.00–18.00 Uhr).

NICHT NUR IN KREUZBERG, AUCH IN „PRENZLBERG", FRIEDRICHSHAIN UND NEUKÖLLN SIND DIE NÄCHTE LANG!

Das **Deutsche Technikmuseum** (westl. vom Halleschen Tor außerhalb der Detailkarte) ist schon von Weitem zu erkennen, denn auf dem Dach begrüßt ein „Rosinenbomber" (Douglas C-47B Skytrain) die Besucher. Innen erwarten sie Luft- und Schifffahrt, Straßenfahrzeuge und Eisenbahngeschichte, Nachrichten- und Textiltechnik, eine Erinnerung an einen für Berlin einst wichtigen Wirtschaftszweig (Trebbiner Straße 9, www.sdtb.de; Di.–Fr. 9.00–17.30, Sa./So. 10.00–18.00 Uhr).

ERLEBEN
Beim turbulenten Straßenumzug des **Karneval der Kulturen TOPZIEL** zeigt Kreuzberg sein Multikulti-Gesicht (www.karneval.berlin; Pfingsten).

Neukölln

Dank des ehem. Bezirksbürgermeisters Heinz Buschkowsky hat es Neukölln vermutlich zum bekanntesten Stadtteil Deutschlands gebracht. Ein Problembezirk ist Neukölln allemal, allerdings wird bei aller Kritik oft vergessen, dass einige Teile, wie beispielsweise der Reuterkiez, eine durchaus positive Entwicklung hinter sich haben. Neukölln hat lange Migrationstradition. Bereits im 18. Jh. siedelten in Rixdorf, so der Ortsname bis 1912, wegen ihres Glaubens vertriebene evangelische Böhmen.

SEHENSWERT
Neben den türkisch geprägten und lebhaften Ecken hat Neukölln auch ruhigere Seiten. Im **Böhmischen Dorf,** dem historischen Kern des alten Kiezes, geht es rund um den **Richardplatz** fast beschaulich zu. Am südöstl. der Hasenheide gelegenen Platz (außerhalb der Detailkarte) stehen noch die Häuser einiger alter Handwerksbetriebe, wie eine Schmiede und ein Kutschenverleih. Beliebt sind auch die Restaurants rund um den Platz.
Geschäftig ist die Stimmung am Markt am ⑪ **Maybachufer** (Di., Fr. 11.00–18.30 Uhr). Weil dort vor allem Menschen türkischer Herkunft kaufen und verkaufen, kommt man sich dort vor, als sei man in Istanbul unterwegs. Etwas ruhiger geht es am anderen Ufer des Landwehrkanals zu – hier auf der Kreuzberger Seite, entspannt man in den Cafés am **Paul-Lincke-Ufer.**
Die ⑫ **Hasenheide,** der große Park im Kiez, ist zwar auch Drogenumschlagplatz. Das weitläufige Gelände ist aber trotzdem bei Spaziergängern und Picknickfreunden beliebt. 1811 hatte „Turnvater" Friedrich Ludwig Jahn in der Hasenheide den ersten Platz zur körperlichen (Wehr-)Ertüchtigung gegründet – in „Vorbereitung auf den Befreiungskrieg" vom napoleonischen Frankreich.
Im Neuköllner Ortsteil Britz entstand zwischen 1915 und 1930 u. a. nach Plänen des Architekten Bruno Taut die **Hufeisensiedlung** als eines der ersten Projekte des sozialen Wohnungsbaus (südl. außerhalb der Detailkarte). Die UNESCO Welterbestätte gilt als beispielhaft für den Stil des sogenannten Neuen Bauens.

KRAUT AUF DER LANDEBAHN

Im Jahr 1923 starteten erste Flugzeuge vom Flughafen Tempelhof. Nach der Schließung am 30. Oktober 2008 eroberten die Berliner das Areal bald für sich, 2010 wurde hier ein über 300 Hektar großer Park eröffnet – Berlins größter Freiraum und einer der außergewöhnlichsten Parks in ganz Europa. 2014 plädierten die Berliner in einem Volksentscheid dafür, das Gelände nicht zu bebauen. Seit dem letzten Regierungswechsel 2023 steht dieser Status wieder in Frage – gegen den Willen der Stadtbevölkerung.

Heute ist der Tempelhofer Park eine der beliebtesten Freizeitoasen der Hauptstadt und eine der größten innerstädtischen Freiflächen der Welt. Auf dem ehemaligen Flugfeld drehen Fahrradfahrer, Skater und Jogger ihre Runden. Sie spielen Fußball, üben Kampfsportarten, machen Picknick oder musizieren. Im Ostteil des Geländes bauen die Hobbygärtner des interkulturellen „Gemeinschaftsgarten Allmende-Kontor" auf 5000 m² und in 250 Hochbeeten Gemüse, Kräuter und Blumen an.

Wichtig ist den Allmendemitgliedern, dass die Pflanzen nach ökologischen Grundsätzen angebaut werden und Zwischen-

Allmende Tempelhof: Urban Gardening auf Berlinerisch

menschliches gehegt und gepflegt wird. Ausdrücklich sollen hier auch Flüchtlinge und Migranten die Möglichkeit zum Gärtnern bekommen. Stadtgärtnern ist in Berlin eine soziale Frage. Hauptstadtweit sind mehr als 100 Nachbarschaftsgärten entstanden.

Info: Auf den Tempelhofer Park auf dem ehemaligen Flugfeld (s. auch S. 88) kommt man über zehn Eingänge: zwei liegen am Tempelhofer Damm, zwei am Columbiadamm (der an der Hasenheide entlangführt) und sechs an der Oderstraße.
Anfahrt (Auswahl): S 41, S 42, S 46, S 47 S-Bhf. Tempelhof (ca. 3 Min. zum Haupteingang Tempelhofer Damm); U 6 U-Bhf. Tempelhof oder Paradestraße (ca. 3 bzw. 5 Min. zum Haupteingang Tempelhofer Damm); U 8 U-Bhf. Leinestraße oder Boddinstraße (ca. 5–7 Min. zu den Eingängen Oderstraße), Bus 104 Haltestelle Friedhöfe Columbiadamm (ca. 1–3 Min. zu den Eingängen Columbiadamm)

Der grüne Westen

*

WALD UND SEEN IN DER STADT

*

„Pack die Badehose ein ... Und dann sind wir bald am Wannsee ...“ Der Berliner hat seit jeher ein inniges Verhältnis zu Grün und Wasser. Deshalb sind im Südwesten Berlins die wohlhabenderen Stadtteile zu finden. Hier stehen großzügige Villen – in der Nachbarschaft zum Grunewald, flankiert von der sich zu Seen ausdehnenden Havel.

Mehr als eine Bucht in der Havel: Der Wannsee ist schon lange sehr beliebt als Ziel für Wassersportler und Badelustige.

Wenn der Wald rundum nicht wäre – über dem Strandbad Wannsee liegt ein Hauch von Ostsee.

IN KEINER METROPOLE DER WELT IST DER SOMMER SO SCHÖN WIE IN BERLIN – SO SEHEN ES DIE BERLINER JEDENFALLS.

„Pack die Badehose ein, nimm dein kleines Schwesterlein ...“ Das Lied, das Conny Froboess Anfang der 1950er-Jahre trällerte, gilt auch heute noch für die Berliner. Zu ihren Gewässern haben die Hauptstädter eine innige Bindung. Wobei in der Regel immer noch streng nach Herkunft gebadet wird. Während die Bewohner aus dem Osten der Stadt zum Müggelsee hinausfahren, zieht es die Westberliner an den Wannsee oder, wenn der Ausflug kleiner ausfallen soll, zum Schlachtensee oder an die Krumme Lanke. Berliner mit Hund, und das sind nicht wenige, wählen den Grunewaldsee als Badeziel. Dort dürfen die vierbeinigen Freunde nach Herzenslust herumtollen, und sie haben sogar einen eigenen Badestrand.

Doch in puncto Stadtgrün teilt sich die Stadt nicht nur in Ost- und West-Vorlieben, sondern auch in Berliner mit oder ohne Kleingarten: Mehr als 70 000 Parzellen liegen über die gesamte Metropole verteilt, manche Anlagen bilden abgeschlossene Städte für sich. Rund drei Prozent der Fläche Berlins werden auf diese Weise genutzt. Angesichts der Wohnungsnot gab es immer wieder zaghafte Versuche, hier nach Baulandreserven zu suchen – doch Gärtner sind auch Wähler, sodass die Schrebergärten tabu bleiben.

OSTSEESAND AM WANNSEESTRAND

Zwar hat man in Berlin kein Meer vor der Haustür, aber im Stadtgebiet und im Umland liegen unzählige Seen. Was nur die wenigsten wissen – Berlin ist ein Paradies für Motorbootfreunde, für Segler und für Kanuten. Statistiker wollen sogar errechnet haben, dass Berlin die wasserreichste Hauptstadt Europas ist.

Doch zurück zum Wannsee, der ja im Prinzip nichts weiter ist als eine große Bucht in der Havel. Das dortige Freibad – auch heute noch eines der größten Europas – wurde bereits 1907 eröffnet und war eigentlich eine „Notaktion“ der Obrigkeit. Die Menschen badeten nämlich in den heißen Sommern immer öfter einfach so in den Berliner Seen. So viel Schamlosigkeit sollte aber nicht sein – wenn schon Knie zu sehen war, dann versteckt hinter der Bretterwand eines streng nach Geschlechtern trennenden Bades. Dass es Bedarf für ein Freibad gab, bestätigte sich den Verantwortlichen bereits am Tag der Eröffnung – 200 000 Menschen stiegen da in die Fluten. Heute kommen an warmen Sommertagen rund 10 000 Badefreunde an den See und aalen sich im heißen Ostseesand. Der Sand am Ufer des Wannsees wird nämlich güterwagenweise aus Travemünde herangekarrt.

Berlin schätzt die Wassertouristen und empfiehlt Bootsbesitzern, die Stadt auf eigenem Kiel zu besuchen.

Hauptsache gut gelaunt: Besucherinnen im Strandbad Wannsee.

Kühles Nass von außen und von innen am Schlachtensee mit dem Biergarten „Fischerhütte".

25 Sommer verbrachte der Max Liebermann in seinem „Schloss am See".
In dem Grün am Wannsee entstanden unzählige Gartenbilder.

Mit mediterranem Touch: Heilandskirche an Sacrows Havel.

Im Dritten Reich von den Nationalsozialisten verfemt, versucht das Museum Liebermann-Villa die Wiedergutmachung für den Künstler.

Heilandskirche im Sacrower Schlosspark: Bauherr König Friedrich Wilhelm IV. hatte ein Faible für die italienisch inspirierte Bauweise.

AUF DER PFAUENINSEL HAT MAN DAS GEFÜHL, SICH DURCH EINE MÄRCHENLANDSCHAFT ZU BEWEGEN.

Für den Maler Max Liebermann, der sich 1920 hier niederließ und dessen Villa man heute am Westufer besuchen kann, war der Wannsee offenbar auch eine Quelle der Inspiration. Mehr als 200 Ölbilder und ebenso viele Grafiken mit Motiven vom See und seiner Umgebung gehören zu Liebermanns Werk.

ALS RUINE ERBAUT

Mitten in der Havel liegt ein paar Meter vom Ufer entfernt die Pfaueninsel. Benannt ist die eineinhalb Kilometer lange und einen halben Kilometer breite Insel nach den dort lebenden, frei laufenden Pfauen. Diese passen gut ins Bild, denn man hat auf der Insel das Gefühl, sich durch eine Märchenlandschaft zu bewegen. Das Schlösschen war Ende des 18. Jahrhunderts im Ruinenstil erbaut worden. Damals stand man auf „romantisch" – beide Türme sind durch eine Brücke miteinander verbunden, und man kann sich gut vorstellen, wie dort ein königliches Liebespaar gemeinsam und versonnen in den Sonnenuntergang blickte.

Der UNESCO hat das Lustschloss samt seinem Park im englischen Stil, seinerzeit gestaltet vom preußischen Gartenkünstler Peter Joseph Lenné, wohl auch gefallen, denn sie hat die Insel gleich nach der Wende in ihren Welterbeschatz aufgenommen.

Naturgenuss im Gemeinschaftsgarten auf dem Tempelhofer Feld (links) und im Tropenhaus des Botanischen Gartens (rechts).

Die weiten Rollbahnen des Tempelhofer Felds sind ideal zum Inlinekiten.

Spontaner Sundowner vor den Bauten des früheren Flughafens Tempelhof mit seinem Radarturm.

Die Zitadelle von Spandau, eine mächtige Renaissancefestung, wird vom mittelalterlichen Juliusturm überragt.

Teufelsberg

Ein Berg aus Schutt

Am Ende gewann der Österreicher Leonhard Stock. Der Teufelsberg war im Dezember 1986 sogar Austragungsort eines Weltcup-Parallelslaloms. 15 000 Zuschauer jubelten den Athleten zu.

Berge in Berlin? Natürlich! Aber die meisten von ihnen sind jüngeren Datums. Sie „entstanden“ nämlich erst nach 1945 – als Trümmerberge. Heute sind sie, längst bewachsen, beliebte Ausflugsziele. Der Teufelsberg in Zehlendorf ist einer und mit 120 Metern die zweithöchste Erhebung der Stadt. Im Sommer kommen Spaziergänger, Modellflugfreunde, Picknickliebhaber und sogar Gleitschirmflieger hierher. Mountainbiker stürzen sich auf kurzen, aber durchaus anspruchsvollen Waldwegen den Hang hinab. Auf der Straße, die zum Teufelsberg hinaufführt, sind die hippen Longboarder unterwegs. An klaren Tagen kann man die ganze Stadt von West bis Ost überblicken, und deswegen versammelt sich hier in der Silvesternacht halb Berlin, um das Feuerwerk zu bestaunen. In den 1970er-Jahren war der Teufelsberg sogar ein „Weinanbaugebiet“ – ein wirklicher Genuss scheint das „Wilmersdorfer Teufelströpfchen“ nicht gewesen zu sein. Zu Zeiten des Kalten Krieges diente der Teufelsberg als Lauschposten der Amerikaner – sie überwachten von hier den Funkverkehr in der DDR. An diese Zeit erinnern noch die Ruinen der Radaranlage mit ihren weißen Kuppeln.

IM GRUNEWALD IST HOLZAUKTION

Zum Spaziergang ist der Westberliner gern im Grunewald unterwegs. Der ist 3000 Hektar groß, was ungefähr 4500 aneinandergereihten Fußballfeldern entspricht. Weil der Mensch beim Wandern ein Ziel braucht, ist der Grunewaldturm so beliebt. Der steht auf dem 86 Meter hohen Karlsberg und bietet von seiner Aussichtsplattform in 36 Metern Höhe den perfekten Weitblick über den Forst und die Havel. Ursprünglich hieß das 1899 zu Ehren des Kaisers errichtete Gebäude Kaiser-Wilhelm-Turm, erst seit der Nachkriegszeit nennt man ihn ganz bescheiden Grunewaldturm.

Im Jahr 2015 hat sich der Grunewald sogar einen Preis verdient. Der Bund Deutscher Forstleute zeichnete ihn als Waldgebiet des Jahres aus, unter anderem, weil es hier besonders gut gelingt, „die hohe Besucherzahl von mehreren Millionen Waldspaziergängern pro Jahr mit Naturschutz und Forstnutzung in Einklang zu bringen“. Dabei war der Grunewald immer schon auch ein Nutzwald. Die Holzauktionen, die Ende des 19. Jahrhunderts dort stattfanden, um Platz für eine bis heute bevorzugte Villenkolonie zu schaffen, gaben das Vorbild für den damaligen Berliner Gassenhauer „Im Grunewald, im Grunewald ist Holzauktion …“

Die schönsten Strandbars

DIE ZEHEN IM SAND

Ein bisschen Südseefeeling in der Hauptstadt? Warum denn nicht? Auch in Berlin gibt es gleich mehrere Dutzend Bars in Strandlage. Die besten und beliebtesten Anlaufstellen für entspannte Sommerabende stellen wir hier vor.

3

1 Strandbar Mitte

Dem Bodemuseum gegenüber und direkt an der Spree liegt die „Strandbar Mitte“. Hier kann man es sich im Liegestuhl gemütlich machen und mit einem Bier oder Cocktail in der Hand auf das Welterbe Museumsinsel schauen. Oder man sitzt am Biertisch und stärkt sich an der legendären Holzofenpizza. Der Klassiker unter den Berliner Strandbars ist inzwischen viel mehr als nur ein Ort zum gemütlichen Abhängen – man kann auch täglich, gutes Wetter vorausgesetzt, unter freiem Himmel das Tanzbein schwingen. Jeden Abend steht ein anderer Tanz im Mittelpunkt, von Salsa und Tango über Bachata bis zum Swing. Alternativ führt das Monbijou-Theater gleich nebenan im Sommer Klassiker in modernem Gewand auf.

Strandbar Mitte
Monbijou-Park (Zugang über Monbijoustraße), tgl. 12.00–22.00 Uhr
Monbijou-Theater, Tickets online über die Website, www.monbijou-theater.com

2 Café am Neuen See

Lage, Lage, Lage. Die Kriterien, die Makler beim Kauf einer Immobilie anlegen, erfüllt auch das Café am Neuen See: Wassergrundstück in zentraler Lage. Im Biergarten sitzt man unter schattigen Bäumen direkt am See. An warmen Sommertagen gibt es kaum einen besseren Ort, um den Tag ausklingen zu lassen. Das Angebot an Speisen reicht vom bayerischen Leberkäs' bis zur obligatorischen Pizza. Alles gut, aber nichts überragend und zudem etwas zu teuer. Wer die Kalorien gleich wieder abarbeiten will, mietet sich dann einen Kahn und bricht zu einem kleinen Ausflug über den Neuen See auf.

Café am Neuen See
Lichtensteinallee 2, Tel. 030 254 49 30, www.cafeamneuensee.de; Mo.–Fr. ab 12.00, Sa./So. ab 11.00 Uhr

3 Yaam Club

Yaam ist die Abkürzung für Young African Art Market. Die Strandbar wird von einem Verein betrieben, der sich für multikulturelle Begegnung und Integration einsetzt. Das weitläufige Gelände wirkt ein bisschen wie ein Abenteuerspielplatz für Erwachsene – seinen Drink kann man im Liegestuhl einnehmen, oder man sucht sich ein Plätzchen an der Kaimauer. Das Yaam veranstaltet regelmäßig Partys, Konzerte und Workshops.

Yaam-Club
An der Schillingbrücke 3, Tel. 030 615 13 54, www.yaam.de; Ostern–Okt. tgl. 13.00–23.00 Uhr

4 Klunkerkranich

Kraniche zieht es in die Weiten des Himmels, deswegen hat sich der „Klunkerkranich" auch auf dem Dach der Neukölln Arcaden niedergelassen. Hier ist zwar kein Wasser in der Nähe, wie man es von einer Strandbar eigentlich erwarten sollte, aber ein paar Quadratmeter Sand gibt es trotzdem – und einen Weitblick über Berlin, der seinesgleichen sucht.

Klunkerkranich
Karl-Marx-Straße 66 (Eingang Bibliothek/Post, dann mit dem Fahrstuhl in die 5. Etage zum Parkdeck), www.klunkerkranich.org; Mitte April–Sept. Do.–So. ab 16.00, Mo.–Mi. ab 17.00 Uhr

5 Badeschiff

Ein ganz besonderer Ort ist das Badeschiff, das vor der Arena in Treptow in der Spree liegt. Zum Schwimmen ist die Spree nicht sauber genug und während der meisten Monate auch zu kalt. Die Lösung: ein Schwimmbad direkt im Fluss. Der Pool ist nichts anderes als ein alter, zu einem Schwimmbad umfunktionierter Frachtkahn. Eine Bar gibt es natürlich auch, denn das Badeschiff ist auch als Party- und Flirtlocation absolut in!

Badeschiff
Eichenstraße 4, Tel. 0162 5 45 13 74, www.arena.berlin; Anfang Mai–Sept. tgl. ab 10.00 Uhr mind. vier Zeitfenster à 2 Std.

6 Gestrandet Mitte

Direkt am Schiffsanleger und an der S-Bahn liegt die kleine Strandbar mit dem berlinerisch-verrückten Namen „Gestrandet Mitte", im Herzen von Berlin an der Jannowitzbrücke. Man sitzt auf den Stufen, die zur Spree hinabführen, und auf Bierbänken, oder man lümmelt entspannt im Liegestuhl. Wegen der zentralen Lage ist diese Strandbar der ideale Ort für eine Pause auf dem Stadtrundgang. Kleine Gerichte sorgen dafür, dass man nicht hungrig weiterziehen muss. Am manchen Abenden legen DJs auf.

Gestrandet Mitte
Rolandufer 4, www.strandhaus-berlin.de, Mo./Di. ab 16.00, Mi.–Fr. ab 14.00, Sa./So. ab 12.00 Uhr

7 Capital Beach

Der „Capital Beach" liegt direkt am Hauptbahnhof. Man sitzt schön und sonnig, das geschäftige Regierungsviertel am Ufer der Spree im Rücken, und lässt die Ausflugsdampfer unermüdlich auf und ab fahren. Wegen der zentralen Lage oft sehr voll.

Capital Beach
Ludwig-Erhard-Ufer, Hauptbahnhof (Ausgang Reichstag), www.bermannevent.de, tgl. ab 12.00 Uhr

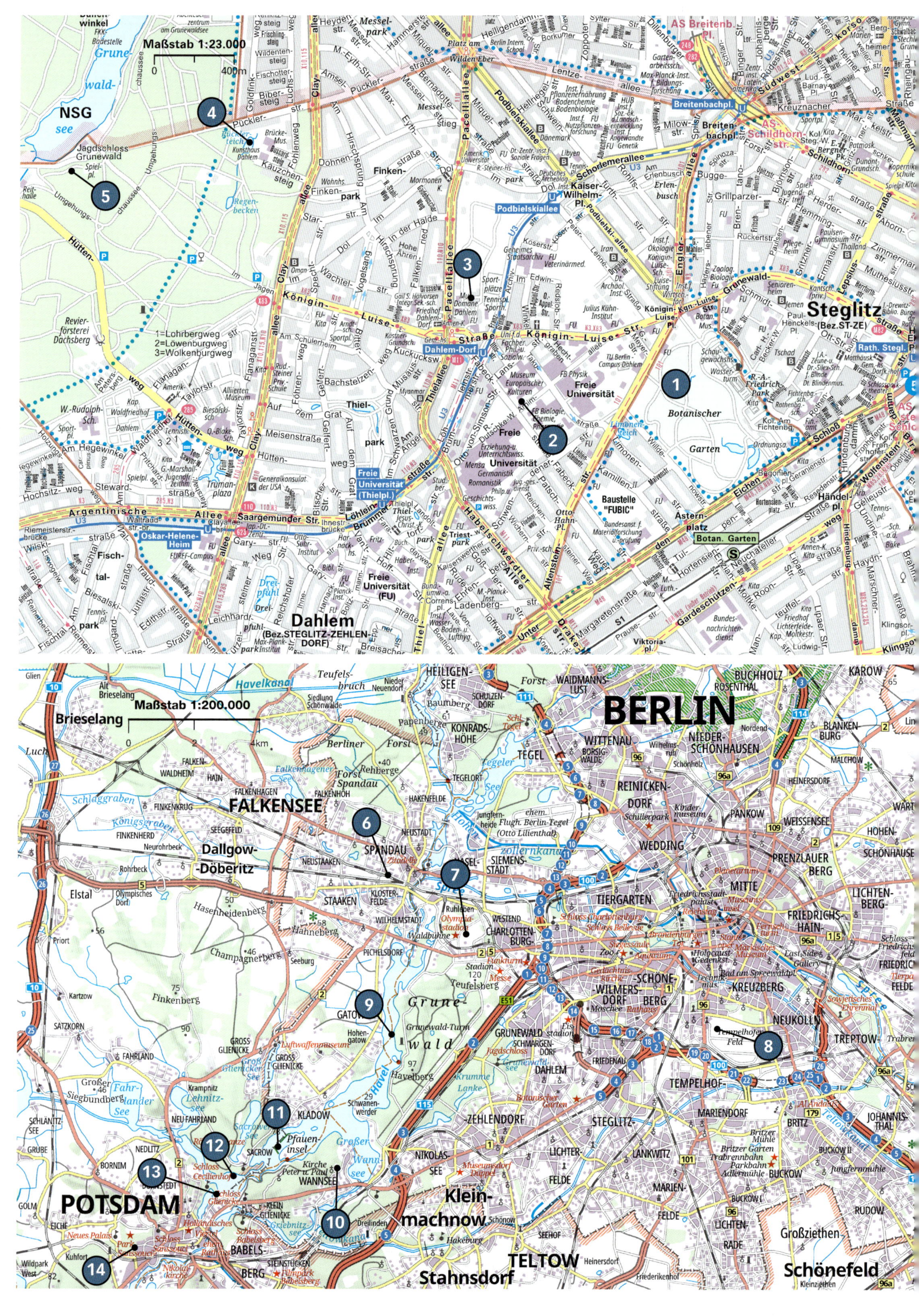

Maßstab 1:23.000
0
400m
NSG
Grunewaldsee
Jagdschloss Grunewald
Hüttenweg
Revierförsterei Dachsberg
1=Lohrbergweg
2=Löwenburgweg
3=Wolkenburgweg
Königin-Luise-Straße
Dahlem-Dorf
Podbielskiallee
Pacelliallee
Clayallee
Argentinische Allee
Oskar-Helene-Heim
Saargemünder Str.
Freie Universität (Thielpl.)
Thielpark
Freie Universität
Museum Europäischer Kulturen
Botanischer Garten
Baustelle "FUBIC"
Botan. Garten
Steglitz
(Bez.ST-ZE)
Rath. Stegl.
Breitenbachpl.
AS Breitenb. Pl.
AS Schildhorn
Dahlem
(Bez.STEGLITZ-ZEHLENDORF)
1
2
3
4
5
Maßstab 1:200.000
0
2
4km
BERLIN
Brieselang
FALKENSEE
Dallgow-Döberitz
SPANDAU
Zitadelle
Tegel
Flugh. Berlin-Tegel (Otto Lilienthal)
SIEMENSSTADT
CHARLOTTENBURG
Olympiastadion
Waldbühne
Messe
Funkturm
TIERGARTEN
MITTE
WEDDING
REINICKENDORF
PANKOW
PRENZLAUER BERG
FRIEDRICHSHAIN
KREUZBERG
NEUKÖLLN
TREPTOW
LICHTENBERG
SCHÖNEBERG
WILMERSDORF
TEMPELHOF
Tempelhofer Feld
MARIENDORF
BRITZ
STEGLITZ
LANKWITZ
LICHTERFELDE
ZEHLENDORF
DAHLEM
GRUNEWALD
Grunewald
Grunewald-Turm
Havel
GATOW
KLADOW
Pfaueninsel
WANNSEE
Großer Wannsee
NIKOLASSEE
Kleinmachnow
TELTOW
Stahnsdorf
POTSDAM
BABELSBERG
Neues Palais
Schloss Cecilienhof
Schloss Glienicke
Großziethen
Schönefeld
MARIENFELDE
BUCKOW
RUDOW
6
7
8
9
10
11
12
13
14

HINAUS ZU SCHLÖSSERN UND VILLEN

Im Südwesten liegen die wohlhabenderen Stadtteile Berlins. In Zehlendorf, Dahlem, Grunewald und Nikolassee zeugen vielerorts repäsentative Villen von gut gefüllten Bankkonten. Früher waren sie alle eigenständige Stadtteile, heute gehören sie zum Bezirk Steglitz-Zehlendorf.

Dahlem

Über Jahrhunderte ein Bauernnest, prägen den 1920 eingemeindeten Stadtteil heute Villen und Parks, Teile der 1948 gegründeten Freien Universität Berlin, das (reduzierte) Museumszentrum Berlin-Dahlem und der Botanische Garten, einer der größten Deutschlands.

SEHENSWERT

Der 1 **Botanische Garten** gehört mit einer Fläche von über 43 Hektar zu den größten der Welt. Hier wachsen mehr als 20 000 Pflanzenarten. Herzstück der Anlage ist das Große Tropenhaus (Königin-Luise-Straße 6, www.bgbm.org; tgl. 9.00–20.00 Uhr, Gewächshäuser bis 18.30 Uhr, Museum wegen Renovierung bis 2025 geschl.). Bei Familien beliebt ist die 3 **Domäne Dahlem.** Das ehem. Rittergut (Urspr. wohl 14. Jh.) ist heute ein Freilandmuseum für Agrar- und Ernährungskultur, in dem Stadtkinder noch „richtige" Tiere sehen können. Viel besucht werden die im Jahresverlauf hier gefeierten Feste, u. a. Weihnachtsmarkt und Frühlingsfest. Handwerkern kann man über die Schulter schauen (Königin-Luise-Straße 49, www.domaene-dahlem.de; Museum und Herrenhaus Mi.–So. 10.00–17.00 Uhr). Sa. findet ein Ökomarkt statt (8.00–13.00 Uhr).

MUSEEN

Bis vor Kurzem prägten das **Museum für Asiatische Kunst** und das 1873 gegründete, weltberühmte **Ethnologische Museum** den Museumsstandort in Dahlem. Beide haben ihren Platz im Humboldt-Forum (s. Kapitel Berlin Mitte). Als Ausgleich wurde das ? **Museum Europäischer Kulturen** in Dahlem modernisiert und aufgewertet. Mit rund 280 000 Objekten der Alltagskultur zählt es in Europa zu den größten seiner Art (Arnimallee 25, www.smb.museum; Mi.–Fr. 10.00–17.00, Sa./So. 11.00 bis 18.00 Uhr). Das 4 **Brücke Museum** bietet die weltweit umfangreichste Sammlung der gleichnamigen expressionistischen Malervereinigung, der u. a. Max Pechstein und Karl Schmidt-Rottluff angehörten. Sie umfasst rund 400 Gemälde, Tausende Handzeichnungen, Aquarelle, Grafiken (Bussardsteig 9, www.bruecke-museum.de; Mi.–Mo. 11.00–17.00 Uhr)

Grunewald

Als der Kurfürstendamm Ende des 19. Jh. zum Prachtboulevard ausgebaut wurde, entstand an seinem westl. Ende die Villenkolonie Grunewald, nachdem das sumpfige Waldgelände trockengelegt worden war. Ohne diese Bebauung hätte die Prachtstraße im Nichts geendet. Bald siedelten hier Bankiers, Unternehmer und Professoren. Und Künstler sowie Schriftsteller – solche, die es zu etwas gebracht hatten. Ab 1933 mussten viele Bewohner der Villenkolonie fliehen – als Juden war ihr Leben bedroht.

Die Liste der Berühmtheiten ist lang: Der ehem. deutsche Außenminister Walther Rathenau (Koenigsallee 65) wohnte hier ebenso wie der Physiker Max Planck (Wangenheimstraße 21), die Schriftsteller Gerhart Hauptmann (Trabener Straße 54 und Hubertusallee), Vicki Baum (Koenigsallee 43–45) und Lion Feuchtwanger (Regerstraße 8), die Schauspieler Johannes Heesters (Hubertusbader Straße 16) und Gustaf Gründgens (Hagenstraße 31a). Nach 1945 kamen Harald Juhnke – er lebte hier bis zu seinem Tod 2005 (Richard-Strauss-Straße 26, Lassenstraße 1) –, Hildegard Knef (Bettinastraße 12, Brahmsstraße 12) und Ingeborg Bachmann (Hasensprung 2 und Koenigsallee 35). In den Jahren 1966–1968 beherbergte die Winkler Straße 22 Romy Schneider; sie bezeichnet ihre Grunewalder Zeit später als die „schönsten, glücklichsten und heilsten Jahre" ihres Lebens.

SEHENSWERT

Mitten im Grunewald liegt auf dem Karlsberg der 55 m hohe 9 **Grunewaldturm,** 1899 erbaut. Die Aussichtsplattform, die einen wunderbaren Blick auf die Havellandschaft bietet, erreicht man über 204 Stufen (Havelchaussee 61; Mo.–Fr. 11.00–19.00, Sa./So. bis 20.00 Uhr).

Das 1542/1543 am Ufer des Grunewaldsees erbaute 5 **Jagdschloss Grunewald** ist das älteste noch erhaltene Schloss Berlins; sein heutiges Äußeres erhielt es 1705–1708. Der urspr. Schlossname „Zum grünen Wald" war namengebend für den gesamten Grunewald. Die Gemäldesammlung im Jagdschloss umfasst

Segelvergnügen auf der Havel (oben) vor dem Grunewaldturm, der für wilhelminischen Zeitgeist steht (rechts oben). Amazonasfeeling im Botanischen Garten in Dahlem (rechts)

fast 30 Werke von Lucas Cranach d. Ä. und dessen Sohn, außerdem deutsche und niederländische Malerei des 15. und 16. Jh. (Hüttenweg 100, www.spsg.de; April–Okt. Di.–So. 10.00 bis 17.30, Nov.–März Sa./So. 10.00–16.00 Uhr).

Tipp

Fledermäuse in der Zitadelle

Eine ganz besondere Attraktion kann man in den Katakomben der Zitadelle Spandau erleben. Hier überwintern jedes Jahr mehr als 10 000 Fledermäuse. Ende Aug. kommen die ersten Tiere an und erkunden das Winterquartier, im Sept. herrscht dann Hochbetrieb, wenn Großes Mausohr, Wasser- und Fransenfledermäuse sich auf den Winterschlaf vorbereiten. Im Fledermauskeller des Berliner Artenschutzvereins können die flatterhaften Untermieter aus nächster Nähe beobachtet werden. Abends werden Fledermausführungen angeboten, die unter fachkundiger Leitung die Tiere aufspüren.

INFORMATION
Fledermausführungen, Tel. 030 36 75 00 61 www.bat-ev.de, www.zitadelle-berlin.de; nach Voranmeldung Sept. meist Fr. und Sa.

HOTEL UND RESTAURANTS
Das €€€/€€€€ **Schlosshotel** im Grunewald ist eine luxuriöse Oase der Ruhe. Das ehemalige Herrschaftshaus – erbaut zu Beginn des 20. Jh. – liegt im exklusiven Villenviertel (Brahmsstraße 10, 14193 Berlin, Tel. 030 895 84 30, www.schlosshotelberlin.com).
Der Biergarten €€€/€€ **Luise** ist für viele Berliner ein festes Ziel nach einem Grunewaldspaziergang (Königin-Luise-Straße 40, Tel. 030 841 88 80, www.luise-dahlem.de). Die €€€ **Fischerhütte,** ebenfalls mit Biergarten, ist der perfekte Zwischenstopp bei der Umrundung des Schlachtensees (Fischerhüttenstraße 136, Tel. 030 80 49 83 10, www.fischerhuette-berlin.de).

Wannsee

Um den **Wannsee** TOPZIEL und die neu entstandenen Villenkolonien mit Berlin zu verbinden, wurde 1874 die Wannseebahn in Betrieb genommen.

SEHENSWERT
Inspiriert von einer 1821 beendeten Italienreise, beschloss Prinz Carl von Preußen, jüngerer Bruder des späteren Kaisers Wilhelm I., sich mit ⓭ **Schloss Glienicke** seinen Traum von einer repräsentativen italienischen Villa zu erfüllen. Nach den Vorgaben des Prinzen und Entwürfen von Karl Friedrich Schinkel wurde in der Folge das Landgut Glienicke nach antiken Vorbildern zur Sommerresidenz umgebaut. Im 90 ha großen Park lohnt der Abstecher zum Casino, von dem man einen weiten Blick über die Havel hat (Königstraße 36, www.spsg.de; April–Okt. Di.–So. 10.00–17.30, Nov.–März Sa./So. 10.00–16.00 Uhr). Östl. des Schlosses liegt die **Glienicker Brücke,** die Berlin und Potsdam verbindet und in den Zeiten des Kalten Kriegs durch mehrfachen Agentenaustausch bekannt wurde.

MUSEEN
Im ❿ **Haus der Wannsee-Konferenz** wurde am 20. Januar 1942 von führenden Nationalsozialisten die – wie es im grausamen Jargon der Verbrecher hieß – „Endlösung der Judenfrage" in die Wege geleitet. Heute befindet sich in dem Haus eine Ausstellung, die sich mit dieser Konferenz und ihren Auswirkungen auseinandersetzt (Am Großen Wannsee 56, www.ghwk.de; tgl. 10.00–18.00 Uhr).
Im ehem. Sommerhaus des impressionistischen Malers Max Liebermann (1847–1935), werden wechselnde Werke aus dem großen Bestand ausgestellt. Außerdem verfügt das Haus über Liebermann-Porträts anderer Künstler, u. a. von Oskar Kokoschka (❿ **Liebermann-Villa,** Colomierstraße 3, www.liebermann-villa.de; April–Sept. Mi.–Mo. 10.00–18.00, sonst Mi.–Mo. 11.00–17.00 Uhr).

RESTAURANTS
Das €€€€/€€€ **Wirtshaus Moorlake** sieht aus, als müsste es im tiefsten Bayern stehen – aus gutem Grund. König Friedrich Wilhelm IV. hat 1840 für seine aus Bayern stammende Gemahlin Elisabeth von Wittelsbach ein Forsthaus – die Moorlake – im bayerischen Stil errichten lassen. Ab 1896 wurde das Gebäude als Gaststätte verpachtet. Drinnen geht es rustikal zu (Moorlakeweg 6, Tel. 030 805 58 09, www.moorlake.de).
Das Ausflugslokal €€€ **Blockhaus Nikolskoe** bietet deftige Hausmannskost in einem historischen Ambiente. Das Haus war 1819 im Auftrag König Friedrich Wilhelms III. für seine Tochter Prinzessin Charlotte erbaut worden, die den späteren Zaren Nikolaus geheiratet hatte. Die Lage hoch über der Havel ist einmalig, die Aussicht grandios (Nikolskoer Weg 15, Tel. 030 805 29 14, www.blockhaus-nikolskoe.de).

UMGEBUNG
Zumindest was die Lage angeht, ist die ⓬ **Heilandskirche von Sacrow** auf einer in die Havel hineinragenden Landzunge das schönste Gotteshaus der Region. Wegen ihres Baustils und dem frei stehenden Campanile würde man die 1844 erbaute Kirche eher in Italien als in Brandenburg verorten (Fährstraße, Potsdam-Sacrow, www.heilandskirche-sacrow.de; Mai–Aug. Di.–Do. 11.00–16.00, Fr.–So. 11.00 bis 17.00, März, April, Sept. und Okt. Fr.–So. 11.00–16.00, sonst Sa./So. 11.00–15.30 Uhr). Die Kirche ist nur zu Fuß durch den Sacrower Schlosspark zu erreichen.
Wie die Heilandskirche zählt die ⓫ **Pfaueninsel** in der Havel zum UNESCO-Welterbe. Angeregt von Jean-Jacques Rousseaus „Zurück zur Natur", wurde die Meierei als ein „Schmuckbauernhof" gebaut, in dem der König einem „romantischen" Landleben frönen konnte. Das Lustschloss vom Ende des 19. Jh. und die Meierei gehören zu den Höhepunkten auf der Insel (Nikolskoer Weg, www.spsg.de; Inselfähre März–Okt. tgl. 10.00–18.00, Nov. bis Febr. tgl. 10.00–16.00 Uhr).

Umgebung

TEMPELHOF
Der ehem. ❽ **Flughafen Tempelhof** (Tempelhofer Damm 1; s. auch S. 64 u. 81) ist mit seinen Start- und Landebahnen seit 2008 als Tempelhofer Feld Naherholungsgebiet (www.gruen-berlin.de/tempelhofer-feld).

SPANDAU
Hauptsehenswürdigkeit ist die im 16. Jh. als Ersatz für eine mittelalterliche Burg gegenüber der Altstadt zum Schutz Berlins errichtete ❻ **Zitadelle** in den für die Renaissance cha-

Freizeitvergnügen auf dem Tempelhofer Feld (links). Das Olympiastadion (rechts) ist Zentrum des Olympiageländes.

rakteristischen Formen (Am Juliusturm 64, www.zitadelle-berlin.de; Fr.–Mi. 10.00–17.00, Do. 13.00–20.00 Uhr).

OLYMPIAGELÄNDE

Die Olympischen Sommerspiele 1936 waren die ideale Bühne für Nazi-Deutschland, sich der Welt zu präsentieren. Auf dem 7 **Olympiagelände** mit dem Olympiastadion (bis 1936) lässt sich bis heute dem Geist des Monumentalen nachspüren.

POTSDAM

Die Hauptstadt Brandenburgs, 14 **Potsdam,** ist als ehem. Sommerresidenz (ab 17. Jh.) der preußischen Könige und deutschen Kaiser einen ausgedehnten Besuch wert – und nicht nur, weil sie zum UNESCO-Welterbe zählt.

Unverzichtbar sind ein Bummel durch Potsdams **Altstadt** und der Besuch von Sanssouci. Um den Alten Markt als städtischem Zentrum stehen das **Stadtschloss,** 1945 zerbombt, abgerissen und bis 2014 außen barock rekonstruiert, innen ein Zweckbau für den brandenburgischen **Landtag**, sowie die Nikolaikirche und das Museum Barberini (s.u.). In der ersten Hälfte des 18. Jh. entstand das **Holländische Viertel** für niederländische Einwanderer.

Die Hauptallee des **Parks von Sanssouci** (tgl. 8.00 Uhr bis Sonnenuntergang) führt schnurgerade und vorbei am Chinesischen Haus (1756) auf das spätbarocke **Neue Palais** (April–Okt. Mi.–Mo. 10.00–17.30, sonst Mi–Mo. 10.00–16.30 Uhr) zu, von Friedrich dem Großen als massiger Repräsentationsbau in Auftrag gegeben. Größeres Interesse findet meist das im Vergleich zierliche, 1747 fertiggestellte Rokoko-**Schloss Sanssouci** (Di.–So. 10.00 bis 16.30/17.30 Uhr) oberhalb der vorgelagerten Weinbergterrassen, Friedrichs bevorzugter Aufenthaltsort.

Nördl. der Altstadt liegt der Ende des 18. Jh. angelegte **Neue Garten** mit dem frühklassizistischen **Marmorpalais** (bis 1791) und dem **Schloss Cecilienhof** (April–Okt. Di.–So. 10.00 bis 16.30/17.30 Uhr). In diesem, einem englischen Landsitz (bis 1917) ähnlichen Anwesen wurde bei der Potsdamer Konferenz 1945 über das Schicksal Deutschlands entschieden.

Potsdam besitzt mit dem **Museum Barberini** (Vorbild und Namensgeber ist der Palazzo Barberini in Rom) ein Kunstmuseum auf Weltniveau. Neben der Basissammlung, die Kunst aus der DDR und deutsche Kunst nach 1989 zeigt, werden mehrmals jährlich Wechselausstellungen mit Werken internationaler Spitzenkunst präsentiert (Humboldtstr. 5–6/Alter Markt, www.museum-barberini.com, Mi.–Mo. 10.00 bis 19.00 Uhr).

INFORMATION

Potsdam Marketing und Service GmbH, Babelsberger Str. 26, 14473 Potsdam, Tel. 0331 27 55 88 99, www.potsdamtourismus.de
Stiftung Preußische Schlösser und Gärten Berlin-Brandenburg, Postfach 60 14 62, 14414 Potsdam, Besucher-Tel. 0331 96 94 200, www.spsg.de

AUF DEM MAUERWEG

Die Berliner Mauer teilte die Stadt 28 Jahre lang. Eine Tour entlang des Mauerwegs mit seinen 14 Etappen führt zu verbliebenen Mauerresten, alten Wachtürmen und Gedenkstätten für Fluchtopfer – aber auch durch idyllische Landschaften.

Die Mauer ist weg! Selbst Einheimische haben Mühe, den genauen Verlauf des Bauwerks zu rekonstruieren. Allzu gründlich wurde nach der Wende mit den verhassten Grenzanlagen aufgeräumt. Die meisten Berlinbesucher werfen einen Blick auf den Checkpoint Charlie, besuchen die Gedenkstätte Berliner Mauer und fotografieren die East Side Gallery. Wer sich tiefer auf Spurensuche begeben möchte, kann dem einstigen Grenzverlauf auf dem Berliner Mauerweg folgen.

Auf der gesamten Länge von 160 Kilometern ist die Strecke beschildert und mit Landkarten versehen, Tafeln erinnern an den Alltag an der Grenze – und an DDR-Bürger, die beim Fluchtversuch ums Leben kamen. So erfährt man in einem alten Wachturm am Spandauer Schifffahrtskanal vom Schicksal Günter Litfins, der 1961 als erster Flüchtling an der Mauer erschossen wurde.

Die Gedenkstätte Berliner Mauer an der Bernauer Str. gibt der Erinnerung ein Gesicht.

Verlässt man die Stadt, folgt die Route den Zollwegen auf Westberliner Seite und den Kolonnenwegen der DDR-Grenztruppen. Nur wenige Bauten erinnern hier noch an den einstigen Grenzverlauf, darunter die Glienicker Brücke, auf der Ost und West regelmäßig Agenten austauschten, oder die einst größte Grenzanlage in Dreilinden.

Verlauf: Rund 40 km des Mauerweges, der sich auch gut für Radfahrer eignet, führen durch die Innenstadt, markiert durch eine Doppelreihe Kopfsteinpflaster.

120 km folgen der Grenze im Umland auf überwiegend autofreien, aber auch holprigen Wegen. Die 14 Einzelstrecken sind zwischen 7 und 21 km lang, die Start- und Zielpunkte mit öffentlichen Verkehrsmitteln zu erreichen.

Informationen: www.berlin.de/mauer/mauerweg

B-AE 500

BLÜHENDE LANDSCHAFTEN

Ein starker Wandel hat den Osten Berlins jenseits der hippen Kieze erfasst: In Marzahn sind die Plattenbauten nach einem Image-Tief trotz der sozialen Probleme wieder gefragt. Gleich nebenan bilden die „Gärten der Welt“ ein Symbol für Toleranz und Völkerverständigung. In Adlershof schlägt das Herz der Berliner Forschungslandschaft.

Der von der Spree gebildete Müggelsee ist eines der großen Freizeitgebiete im Ballungsraum Berlin.

Aus der einstigen Zentrale des Ministeriums für Staatssicherheit in Lichtenberg wurde die Forschungs- und Gedenkstätte Normannenstraße mit dem Stasimuseum, zu dem auch das Büro von Erich Mielke gehört. Mielke war ab 1957 als Minister für Staatssicherheit der DDR federführend für den Ausbau des Kontroll-, Überwachungs- und Unterdrückungssystems in der DDR verantwortlich.

„Mein Marzahn" ist ein für das ambitionierte Wohnungsbauprogramm der DDR beispielhafter Plattenbau-Stadtteil (links). In der Stasi-Gedenkstätte Hohenschönhausen kommen auch Zeitzeugen wie Edda Schönherz, Journalistin und ehemalige Fernsehansagerin, zu Wort, können Besuchern von ihren Gefühlen und Erfahrungen hinter den Gefängnismauern berichten (rechts oben und unten).

Ob Chinesischer oder Christlicher Garten, die Gärten der Welt in Marzahn ermöglichen eine floristische Weltreise über Kulturkreise.

Marzahn rockt! Marzahn fetzt! Marzahn ist cool! Noch vor Kurzem hätten solche optimistischen Sätze nur verständnisloses Kopfschütteln ausgelöst – auch im Bezirk selbst. Mit 270 000 Einwohnern ist er seit Langem berüchtigt als gigantische Großsiedlung der DDR mit vielfältigen sozialen Problemen: Arbeitslosigkeit, Kinderarmut, Rassismus. Doch selbst Berlins Boulevardpresse titelte übermütig: „Marzahn wird das neue Kreuzberg!" Tatsächlich herrscht seit einigen Jahren Aufbruchstimmung: Die Geburtenrate und die Schülerzahlen steigen, die Arbeitslosenquote sank beträchtlich, der Wohnungsleerstand ist so niedrig wie nie zuvor – die „Platte" ist wieder gefragt.

Das war auch 1977 so, als hier der erste Plattenbau für Europas größte Neubausiedlung entstand. „Sollen Rosen leuchten, kleine Wälder grün', sollen Kinder spielen, soll die Liebe blüh'n ...," dichtete ein Mitglied der SED-Bezirksleitung anlässlich des Richtfestes. Die DDR-Regierung stand unter Druck, hatte sie den Wohnungsbau doch lange vernachlässigt. „Schnell, schnell!", war daher die Devise: Innerhalb von zehn Jahren entstanden rund um das historische Marzahner Angerdorf unglaubliche 60 000 Wohnungen.

Für die DDR-Bürger war eine Wohnungszuweisung hier wie ein Sechser im Lotto: Es gab fließend warmes Wasser, Etagenheizung und eigenes Bad anstelle einer Außentoilette. Auch die soziale Mischung stimmte: Der Hochschulprofessor wohnte neben dem Busfahrer, die Erzieherin neben dem Chefarzt. Doch nach der Wende verließen vor allem die Bessergestellten das Viertel, die sozialen Probleme nahmen zu. Mehr als 7000 Wohnungen wurden seitdem abgerissen, die Infrastruktur verbessert. Nun steigt die Nachfrage wieder – vor allem wegen des Mietpreisdrucks in der Innenstadt.

DIE »PLATTE«: ZUERST GELIEBT, DANN VERACHTET UND ABGERISSEN – UND HEUTE WIEDER GESCHÄTZT.

WELTREISE IN DREI STUNDEN

Wenn die Marzahner einmal nach Korea reisen wollen oder in den Orient, müssen sie nicht weit fahren: Gleich hinter den Hochhäusern erstreckt sich mit den „Gärten der Welt" eine weltweit einzigartige Ausstellung. Hier kann man den platschernden Brunnen in einem marokkanischen Riad lauschen, durch einen italienischen Renaissancegarten flanieren oder den akkurat geharkten Kies in einem Zen-Garten bewundern – die Gärtnerin wurde dafür eigens von einem Priester aus Japan unterwiesen.

„Alle unsere Gärten sind Originale", sagt Parkmanagerin Kathrin Buhe stolz. „Nicht nur die Landschaftsplaner kommen aus den jeweiligen Ländern, auch die meisten Materialien." Grundstein der heutigen Anlage war ein Geschenk Chinas: fertige Pläne für einen Gelehrtengarten, mit einem Teehaus am See und einer Zickzackbrücke. Bald folgten weitere Gärten, mit herrlichen Rosen, mit Stauden, mit christlicher Symbolik.

2017 verschmolzen die „Gärten der Welt" mit der Internationalen Gartenbauausstellung (IGA). Bis dahin entstanden weitere Themengärten und eine Tropenhalle; der angrenzende Kienberg wurde zum Park umgestaltet und mit einer Seil-

Das Ausflugsrestaurant Neu-Helgoland an der Müggelspree bietet seit über 100 Jahren regionale Küche – von Sauerbraten über Eisbein und Rinderroulade bis zur Forelle blau.

WARUM IN DIE FERNE SCHWEIFEN? AM GROSSEN UND AM KLEINEN MÜGGELSEE FINDEN DIE BERLINER VON JEHER IHREN SOMMERTRAUM.

bahn an die öffentlichen Verkehrsmittel angebunden. Doch nicht alle Marzahner Höhenflüge ließen sich umsetzen. Eine Künstlerinitiative wollte „hollywoodgleich" auf den Ahrensfelder Bergen den Schriftzug M-A-R-Z-A-H-N errichten, der weit sichtbar den Aufschwung des Krisenkiezes symbolisieren sollte. Besorgte Bürger und Politiker verhinderten das Projekt – in diesem Fall musste die neue Marzahner Coolness am Boden bleiben.

VON ADLERSHOF IN DEN WELTRAUM

„Blühende Landschaften" sind – im übertragenen Sinne – im weiter südlich gelegenen Adlershof Realität geworden. Zu dem traditionsreichen Wissenschafts- und Wirtschaftsstandort gehören mehr als 1300 Unternehmen, 18 wissenschaftliche Einrichtungen und zwei Gründerzentren, es gibt mehr als 28 000 Beschäftigte und gut 6400 Studenten.

Eine Erfolgsgeschichte in mehreren Anläufen: Schon vor 100 Jahren sorgte der Standort für Furore – als Wiege der deutschen Luftfahrt. Hunderttausende strömten zu Flugschauen auf Deutschlands erstem Motorflugplatz. Viele bedeutende Anbieter ließen hier ihre Flugzeuge bauen, unter anderem Pioniere der Luftfahrt wie die Brüder Wright.

Nach dem Ersten Weltkrieg dienten die riesigen Hangars für rund 500 Filme

Vergnügungspark

Jurassic Park

Der Spreepark war der einzige Vergnügungspark der DDR. Bald soll das Gelände zu neuem Leben erwachen.
Wenn Wind aufkommt, setzt sich das Riesenrad in Bewegung. Quietschend dreht das 45 Meter hohe Wahrzeichen ein paar Runden, um dann wieder stehen zu bleiben. Gigantische Dinosaurier-Figuren liegen herum. Alte Schienen rosten vor sich hin. Eine Vergnügungsanlage im Dornröschenschlaf.

Einst besuchten jedes Jahr bis zu 1,7 Millionen den Spreepark im Plänterwald. Nach der Wende übernahm ein Hamburger Schausteller das Gelände, baute neue Achterbahnen, eine Wildwasserbahn. Doch während man in der DDR aus Tradition in den „Kulti" ging, brach dieses Bedürfnis mit der Reisefreiheit weg, der Spreepark musste schließen. Mittlerweile gehört das Gelände dem Land Berlin. 2026 soll hier ein kleiner Familienpark mit restauriertem Riesenrad eröffnen.

Köpenick, Friedrichshagen, Rahnsdorf und Müggelheim sind die Anlieger von Großem und Kleinem Müggelsee: Anleger in Friedrichshagen (rechts) und Badestelle bei Müggelheim (links).

Der Müggelsee ist ein familienfreundlich flaches Gewässer, das nur in der Seemitte fast acht Meter Wassertiefe erreicht: Badegäste im Strandbad Müggelsee westlich von Rahnsdorf.

Zu Beginn des 19. Jahrhunderts erhielt Schloss Friedrichsfelde sein heutiges klassizistisches Aussehen. Nach einer wechselvollen Geschichte dient es mittlerweile dem Tierpark Friedrichsfelde als Museum und Verwaltungsbau.

Östlich von Marzahn liegt die 1868 gegründete Galopprennbahn Hoppegarten. Im wilhelminischen Berlin war das „deutsche Ascot" Treffpunkt der oberen Zehntausend. Mittlerweile finden wieder regelmäßig Renntage statt (oben und Mitte). Sumatra-Tiger leben im schwindenden Regenwald Indonesiens und sind am stärksten vom Aussterben bedroht. Der Tierpark Friedrichsfelde engagiert sich in der Nachzucht und sorgt damit für den Erhalt dieser Großkatze (unten).

als Studios. Später baute das nationalsozialistische Deutschland hier Kampfflugzeuge und Raketenteile, auch mit dem Einsatz von Zwangsarbeitern. Die DDR wollte noch höher hinaus: Das Institut für Kosmosforschung war nur eine von rund 15 Forschungseinrichtungen in Adlershof. Direkt nebenan sendete das DDR-Fernsehen den „Schwarzen Kanal" mit Karl-Eduard von Schnitzler, der die Heuchelei der westlichen Politik am Beispiel des westdeutschen Fernsehens zu entlarven versuchte, und das „Sandmännchen".

Dann kam die Wende. „Wohin mit 5500 hochqualifizierten Akademikern?", fragten sich die Abwickler. Ein Drittel der Beschäftigten wurde in neu gegründete Institute integriert, der Rest musste sich in der Marktwirtschaft bewähren. Viele mit großem Erfolg: Die mittelständischen Unternehmen und Forschungseinrichtungen im Technologiepark produzieren Innovationen am Fließband: Spezialkameras für die europäische Marssonde, Weltraumsatelliten für Länder mit kleinem Budget, „fliegende Feuermelder" im All zum Aufspüren von Waldbränden, ein Verfahren zur Früherkennung von Hautkrebs. Inzwischen sind auf dem Gelände über 3000 Wohnungen entstanden – zur Vernetzung von Arbeiten und Wohnen.

»PANKOW« WAR IM WESTEN DAS SYNONYM FÜR DEN DDR-REGIERUNGSSITZ.

IM PANKOWER „STÄDTCHEN"

Nicht weit zu ihrem Arbeitsplatz hatten es auch manche Mitglieder der DDR-Regierung – zumindest nach der Staatsgründung im Jahr 1949.

Damals diente das barocke Schloss Schönhausen in Pankow DDR-Präsident Wilhelm Pieck als Amtssitz. Die oberste Regierungsspitze wohnte gleich nebenan im Majakowskiring, den sie von den so-

Die „Molecule Men" vor den Treptowers: Seit 1999 steht die 30 Meter hohe Metallskulptur des US-amerikanischen Bildhauers Jonathan Borofsky in Treptow in der Spree.

Unter dem späteren preußischen König Friedrich I. erhielt Schloss Köpenick sein barockes Aussehen (links). Das Sowjetische Ehrenmal im Treptower Park wurde 1949 zu Ehren der im Kampf um Berlin gefallenen Soldaten der Roten Armee errichtet (rechts).

In Berlin bleibt kein Grün ungenutzt: am Spreeufer im Treptower Park.

wjetischen Besatzern übernommen hatten: Otto Grotewohl, Walter Ulbricht, die Honeckers, Erich Mielke. Aus dem Russischen stammte auch der Spitzname dieser „Wohngemeinschaft“: „Gorodok“, das „Städtchen“.

Die Lage am Stadtrand kam den SED-Kadern nicht ungelegen, entsprach sie doch ihrem Wunsch nach Abschottung. Wer hier lebte, konnte sich zum inneren Machtzirkel zählen. Wer in Ungnade fiel, musste ausziehen.

Auch einige Künstler durften hier wohnen, darunter Hans Fallada, als er bei der von der Roten Armee herausgegebenen „Täglichen Rundschau“ eine Zeit lang sein Brot verdiente und in seinem Roman „Alpdruck“ über das „Städtchen“ schrieb: „Da ist ein Schlagbaum, rot-weiß geringelt, und ein Schilderhaus, rot-weiße Schrägbalken, und an dem Schilderhaus stehen ein russischer Posten und ein deutscher Polizist Wache, dass niemand Unbefugtes in diesen Bezirk [...] eindringt.“

In der „Gated Community“, wie man auf Neudeutsch sagen würde, ging es beschaulich zu: Die Häuser alles andere als dekadent, die Versorgung dagegen exzellent. Die Publizistin Carola Stern, die sich als US-Agentin in die SED-Spitze eingeschlichen hatte, beschrieb in ihrer Ulbricht-Biografie das fast spießige Leben des gefürchteten Ober-Sozialisten.

1960 zogen die Politiker in die neu errichtete Waldsiedlung nach Wandlitz um – noch weiter weg vom Volk. Die Pankower wunderten sich deshalb, als Udo Lindenberg 1983 seinen Song „Sonderzug nach Pankow“ veröffentlichte. „Wir dachten damals, Lindenberg ist schlecht informiert – der wird hier gar keenen antreffen“, berichtet ein Zeitzeuge, ohne zu wissen, dass „Pankow“ im Westen als Synonym für den DDR-Regierungssitz verwendet wurde; „Berlin“ war ja im Westsprachgebrauch Westberlin vorbehalten. Die Botschaft des Liedes kam dennoch an: Lindenberg durfte noch im gleichen Jahr in der DDR auftreten – aber ohne den „Sonderzug“ zu spielen.

Das Erbe der DDR

VORWÄRTS IMMER, RÜCKWÄRTS NIMMER!

In Berlin ist die Erinnerung an die DDR noch allgegenwärtig. Wer mit offenen Augen durch die Stadt geht, stößt immer wieder auf Relikte des Sozialismus.

Architektur im Stil des Großen Bruders: Karl-Marx-Allee

Auf den ersten Blick hat nur das Ampelmännchen überlebt. Der mit beschwingtem Schritt über die Straße gehende „Ostfußgänger" mit Hut hat sein Westpendant klar ausgestochen. Der Palast der Republik, in dem die DDR-Volkskammer tagte, ist schon lange abgerissen, asbestverseucht wie er war. Inzwischen hat sich dort der Nachbau des Stadtschlosses der Hohenzollern zu einem neuen Besuchermagneten entwickelt. Auferstanden aus Ruinen, sozusagen. Die Häuser im Prenzlauer Berg, wo einst die DDR-Opposition einen Rückzugsort fand, sind längst renoviert und an Investoren verkauft, und auch andernorts scheint die sozialistische Vergangenheit aus dem Stadtbild getilgt. Doch wer genau hinschaut, entdeckt viele Erinnerungen an die DDR.

MAUER HIER, MAUER DA

Und man findet auch noch Überreste der Mauer. Am bekanntesten ist die eineinhalb Kilometer lange East Side Gallery in Friedrichshain. Nach der Wende haben dort Künstler aus aller Welt farbenfrohe Bilder auf das Bauwerk gezaubert. Auch im Mauerpark, dem einstigen Grenzstreifen zwischen den Stadtteilen Prenzlauer Berg im Osten und Wedding im Westen, stehen noch Mauerreste – auch sie wurden bemalt, allerdings nicht von offiziell beauftragten Künstlern, sondern von Graffiti-Sprayern. Ein paar Schritte weiter kann man an der Gedenkstätte Berliner Mauer ebenso Reste des „antifaschistischen Schutzwalls" sehen, vor allem aber wird hier in einer Ausstellung die Zeit des Mauerbaus aufgearbeitet. Die auf dem Potsdamer Platz und Leipziger Platz aufgestellten Mauerreste sind ebenfalls original. Dorthin, wo sie heute stehen, wurden sie aber erst nach der Wende gebracht – als Anschauungsmaterial für Touristen sozusagen.

MIELKES MIEF

Ein Ort des Schreckens war die ehemalige Stasi-Zentrale in Lichtenberg. Das Haus strahlt die miefige Atmosphäre deutscher Amtsstuben aus und bringt einen gerade deswegen zum Schaudern. Von diesen Schreibtischen aus wurden die staatlich orga-

Nach der Öffnung der Berliner Mauer wurde an der Mühlenstraße ein Teilstück von 118 Künstlern aus 21 Ländern bemalt. Sie versuchten, auf 1316 Metern die Veränderungen in den Wendejahren zu illustrieren: „Test The Rest" von Birgit Kinder (links) und „Wir sind ein Volk" von Schamil Gimajev (rechts)

nisierten Verbrechen initiiert. Auch die Arbeitsräume Erich Mielkes, von 1957 bis 1989 Minister für Staatssicherheit, kann man besichtigen – eine ganze Etage im Retro-Look. Schleiflackmöbel, Büroschränke, massige Telefonapparate, geschwungene Bürostühle im 1960er-Jahre-Design. Erschreckend, und doch wieder fast banal in Anbetracht der heutigen weltweiten Bespitzelung durch die NSA wirkt die „Spionageausrüstung" der Stasi: Kameras in Tonnen und Taschen, in einer Gießkanne und einem Vogelhäuschen. Die Ausgespähten und „Überführten" landeten

»NIEMAND HAT DIE ABSICHT, EINE MAUER ZU ERRICHTEN!«

Walter Ulbricht auf einer Pressekonferenz am 15. Juni 1961

»DIE MAUER WIRD IN 50 UND AUCH IN 100 JAHREN NOCH BESTEHEN …«

Erich Honecker am 19. Januar 1989

Das DDR-Museum präsentiert den Alltag in der DDR jenseits von Stasi und Mauer (s. S. 42).

häufig im Stasi-Gefängnis von Hohenschönhausen. Eine Ausstellung versucht – soweit das überhaupt möglich ist – die unmenschlichen Haftbedingungen zu zeigen. Bequemer als die Gefangenen und auch als der normale DDR-Bürger in der Platte – im Vergleich zu westlichen Staatsführern aber wiederum fast bescheiden – lebten die Herren (und wenigen Damen) der Staats- und Parteiführung der DDR im Majakowskiring in Pankow.

VERSTEINERTE MIENE

In der Karl-Marx-Allee, der 90 Meter breiten Prachtstraße, die durch Friedrichshain führt, nahmen die alten Männer der DDR-Führung jedes Jahr am 7. Oktober – am Tag der Republik – winkend und mit versteinerter Miene eine Militärparade ab – letztmalig 1989. Die monumentalen Gebäude links und rechts der Straße sind Zeitzeugen des Kommunismus, errichtet im stalinistisch-neoklassizistischen Zuckerbäckerstil. Das „Café Moskau", 1964 eröffnet, war eines von sieben „Nationalitäten-Restaurants", in denen DDR-Bürger einen Blick in die Kochtöpfe der sozialistischen Bruderländer werfen konnten. Für DDR-Verhältnisse war das „Moskau" hochklassig ausgestattet und auch bald Anziehungspunkt für die High Society des Ostens. Heute ist es eine Eventlocation, in der man im (n)ostalgischen DDR-Schick feiern kann. Hoch oben, über dem Schriftzug des Cafés, „schwebt" in Originalgröße ein Nachbau des Satelliten Sputnik – ein Geschenk des damaligen Botschafters der UdSSR.

Bis 1961 hieß die Karl-Marx-Allee Stalinallee. In diesem Jahr wurden überall in der Sowjetunion die letzten Erinnerungen an den posthum in Ungnade gefallenen Diktator getilgt. Da wollte man in der DDR des Walter Ulbricht natürlich auch nicht zurückstehen. Nach der Wende gab es in den 1990er-Jahren Pläne, die Karl-Marx-Allee wieder umzubenennen. Statt Marx hätte dann Hegel der Namensgeber werden sollen. Dieser Vorschlag wurde aber vom Senat abgelehnt, und so konnte der Vater des Kommunismus zumindest in Berlin einen kleinen Sieg erringen.

Informationen

Stasi-Gefängnis, Gedenkstätte Berlin-Hohenschönhausen, Genslerstraße 66, www.stiftung-hsh.de; Ausstellungen tgl. 10.00–18.00 Uhr, Eintritt frei, Stasi-Gefängnis nur im Rahmen von Führungen
Stasimuseum, Forschungs- und Gedenkstätte Normannenstraße, Normannenstr. 20, Haus 1, www.stasimuseum.de; Mo.–Fr. 10.00–18.00, Sa./So. 11.00–18.00 Uhr

Wohnungen führender DDR-Politiker am Majakowskiring: Erich Honecker lebte mit seiner früheren Frau Edith Baumann in Nr. 58, Walter und Lotte Ulbricht wohnten in Nr. 28/30, nach dem Tod ihres Mannes bewohnte Lotte Ulbricht bis zu ihrem Tod 2002 die Nr. 12; Wilhelm Pieck war in Nr. 29 zu Hause, Günter Schabowski in Nr. 63 und Willi Stoph in Nr. 64. Im Haus von Otto Grotewohl (Nr. 46/48) lebt seit 2006 übrigens eine andere Prominenz – die Schauspielerin Jasmin Tabatabai.

Café Moskau, Karl-Marx-Allee 34, www.cafemoskau.com

Maßstab 1:24.000
0
400m
Wuhlheide
Köpenick
(Bez. TREPTOW-KÖPENICK)
Damm-
Vorstadt
Spindlers-
feld
Altstadt
Kietzer
Vorstadt
Köllnische
Heide
Kölln.
Vorstadt
Adlershof
(Bez. TREPTOW-KÖPENICK)
TREPTOW-
KÖPENICK
Spree
Dahme
Oberspree
Spindlersfeld
Adlershof
Schloss Köpenick
Salvador-Allende-Viertel I
Stadt für
Wissenschaft
Wirtschaft
und Medien
BERLIN
Maßstab 1:200.000
0
2
4km
Ahrens-
felde
ALTLANDSBERG
Hönow
Neuen-
hagen
b. Berlin
Fredersdorf-
Vogelsdorf
Hoppe-
garten
Schöneiche
bei Berlin
Woltersdorf
Großer
Müggelsee
Gosen-
Neu
Zittau
Schönefeld
TELTOW
Klein-
machnow
TEGEL
WEDDING
MITTE
PRENZLAUER
BERG
FRIEDRICHS-
HAIN
LICHTEN-
BERG
MARZAHN
KREUZBERG
NEUKÖLLN
TREPTOW
TIERGARTEN
CHARLOTTEN-
BURG
SCHÖNE-
BERG
WILMERS-
DORF
STEGLITZ
TEMPELHOF
ZEHLENDORF
PANKOW
WEISSENSEE
KÖPENICK
GRÜNAU
BIESDORF
KARLS-
HORST
1
2
3
4
5
6
7
8
9
10
11
12
13
14
15

ZWISCHEN PLATTE UND SEE

Berlins Osten ist abwechslungsreich: einerseits das üppige Grün und Köpenicks Wasserreichtum, andererseits die Tristesse der Plattenbauten. Es gibt noch Dorfkerne wie im Anger von Marzahn, historische Ensembles wie in der Altstadt Köpenicks, Parkanlagen, aber auch düstere Relikte wie die Stasi-Gedenkstätte in Lichtenberg.

Treptow und Köpenick

Die seit 2001 vereinten Stadtteile Treptow und Köpenick bilden den größten und wasserreichsten Bezirk. Treptow war über Jahrhunderte eine Landgemeinde. In Köpenick errichteten die Hohenzollern Ende des 17. Jh. ein barockes Wasserschloss. Berühmt ist die Geschichte des „Hauptmanns von Köpenick". Neben Köpenicks Altstadt locken vor allem die vielen Seen.

SEHENSWERT

An Alt-Treptows Grenze zu Kreuzberg bespielen Künstler den ehem. Grenzwachturm „Schlesischer Busch" (nahe Puschkinallee, Mai bis Okt. Do.–So. 14.00–19.00 Uhr). Der 12 **Treptower Park** im englischen Stil (19. Jh.) ist mit seinen Alleen und Wegen entlang der Spree der zweitgrößte der Stadt; in seiner Mitte liegt das gewaltige **Sowjetische Ehrenmal** (1949) für die Soldaten der Roten Armee. Zum Park gehört auch die **Archenhold-Sternwarte** mit dem weltweit größten Linsenfernrohr; zahlreiche Vorführungen (Alt-Treptow 1, www.archenhold-sternwarte.de; Di.–Do. 9.00–13.30, Fr. 16.00–22.00, Sa. 13.00–22.00, So. 13.00–18.30 Uhr). Zur Einkehr bietet sich im Park der Garten des Kulturhauses Insel auf der „Insel der Jugend" an (Alt-Treptow 6, www.inselberlin.de; Mo.–Sa. ab 12.00, So. ab 11.00 Uhr).
Auf eine mehr als 800-jährige Geschichte blickt die **Köpenicker Altstadt** zurück, auf einer Insel am Zusammenfluss von Spree und Dahme gelegen. Ein Uferweg führt rund um das Ensemble. Im neugotischen Backstein-Rathaus (1904) erinnert eine Ausstellung an den Hauptmann von Köpenick, den Schuster Friedrich Wilhelm Voigt (Alt-Köpenick 21, Mo. 8.30–15.00, Di./Do. 10.00–18.00, Mi./Fr. 8.30 bis 13.00 Uhr). Am Alten Markt hat das 1 **Heimatmuseum** (1665) seinen Sitz (www.museumsportal-berlin.de/de/museen/museum-kopenick; Mo.–Do. 10.00–18.00, Sa./So. 14.00 bis 18.00 Uhr).
Der Schlossplatz verbindet die Altstadt mit der Schlossinsel und dem barocken 2 **Schloss Köpenick** (16. und Ende 17. Jh.). Hinter der Schlosskirche erstreckt sich der Schlosspark.

MUSEEN

Schloss Köpenick ist heute Dependance des 2 **Kunstgewerbemuseums** am Kulturforum mit Raumgestaltungen aus Renaissance, Barock und Rokoko (Schlossinsel 1, www.smb.museum; April–Sept. Mi.–Fr. 11.00–17.00, sonst Do.–So 11.00–17.00 Uhr). Das 4 **Dokumentationszentrum NS-Zwangsarbeit** in Schöneweide erinnert an die einst mehr als 3000 Lager in der Stadt (Britzer Straße 5, www.dz-ns-zwangsarbeit.de; Di.–So. 10.00–18.00 Uhr). Im 3 **Anna-Seghers-Museum** sind die Wohnräume der Autorin, die 1983 in Ostberlin verstarb, erhalten. Sie verfasste u. a. den Roman „Das siebte Kreuz" (Anna-Seghers-Straße 81; Di./Do. 10.00–16.00 Uhr).

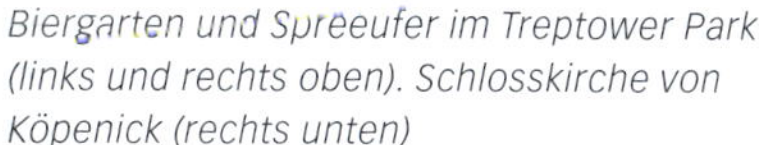

Biergarten und Spreeufer im Treptower Park (links und rechts oben). Schlosskirche von Köpenick (rechts unten)

ERLEBEN

Vom Hafen der Stern- und Kreisschifffahrt im Treptower Park (Puschkinallee 15, www.sternundkreis.de) legen **Ausflugsdampfer** ab, ebenso von der Altstadt Köpenicks.
Das 5 **Freizeit- und Erholungszentrum FEZ** im Volkspark Wuhlheide, Europas größtes gemeinnütziges Kinder- und Jugendzentrum, bietet ein Kindermuseum, Raumfahrtzentrum, Schwimm- und Sporthalle, Badesee, Spielplätze und eine ehem. Pionier- und heutige Parkeisenbahn (Straße zum FEZ 2, www.fez-berlin.de).

HOTELS UND RESTAURANTS

Eine Kombination aus Baguetterie und Hotel in den Räumen einer einstigen Bibliothek findet man im familiengeführten €€ **Bett & Buch** (Rudower Str. 1, Tel. 030 22 46 41 75, www.bett-und-buch.de). Das €€ **Leonardo-Hotel Köpenick** bietet Schloss- und Wasserblick (Grünauer Straße 1, 12557 Berlin, Tel. 030 58 60 40 00, www.leonardo-hotels.de).
Ein alter Hafenkran beherbergt das € **Kranhaus Café** (Paul-Tropp-Straße 11, Tor 8, Tel. 030 63 96 76 80; Mi.–Fr. 11.00–22.00, Sa./So. 10.00–22.00 Uhr). Das € **Altstadtcafé Cöpenick** serviert üppige Torten (Alt-Köpenick 16, Tel. 030 65 47 40 69, www.altstadtcafe.de; tgl. 10.00–18.30 Uhr).

NACHTLEBEN

Im sanierten Treptower Industriedenkmal 11 **Arena** finden Konzerte, Theater und Aus-

stellungen statt; außerdem Bade- und Clubschiff (Eichenstraße 4, www.arena.berlin).

UMGEBUNG
Die Spree, sieben Seen und rund 130 km Wasserstraßen ermöglichen Touren zu Wasser, per Rad und zu Fuß. Ein beliebtes Ausflugsziel ist **Friedrichshagen;** die Bölschestraße mit Bauten aus zwei Jahrhunderten führt hier vom S-Bahnhof zum 15 **Müggelsee,** dem größten Berliner See mit Seebad (www.seebad-friedrichshagen.de), Bootsverleih und Badestellen (Mai–Aug. tgl. 10.00–19.00 Uhr).

INFORMATION
Tourist-Information, Alt-Köpenick 31, Eingang Grünstraße, 12555 Berlin, Tel. 030 65 48 43 48, www.tkt-berlin.de

Marzahn

Das Image von Marzahn-Hellersdorf ist bis heute durch die Plattenbauten geprägt. Umso mehr überraschen ein historischer Dorfkern und eine der buntesten Gartenanlagen der Stadt. 2017 fand hier die Internationale Gartenbauausstellung (IGA) statt.

SEHENSWERT
Die 9 **Gärten der Welt** im **Erholungspark Marzahn** haben sich zu einem Anziehungspunkt für rund 1 Mio. Gäste im Jahr entwickelt (Eisenacher Straße 99, www.gaertenderwelt.de; tgl. ab 9.00 Uhr).
Ein historischer **Ortskern** blieb im einstigen Angerdorf Marzahn erhalten, u. a. die frühere Dorfschule mit dem **Bezirksmuseum** (Alt-Marzahn 51; Mo.–Fr. 10.00–18.00 Uhr) und die Dorfkirche (1871). Für ländliches Flair sorgt

Ausflug in den Tierpark Friedrichsfelde (links oben). Auf dem Jüdischen Friedhof Weißensee (links unten). Zellenblick in der Stasi-Gedenkstätte (rechts)

eine funktionstüchtige Bockwindmühle (Hinter der Mühle 4, www.marzahner-muehle.de; April–Okt. 1. So. im Monat 11.00–16.00 Uhr).

MUSEUM
Im historischen Gutshaus Mahlsdorf (1815) zeigt das **Gründerzeitmuseum** u.a. Interieurs und Musikmaschinen (Hultschiner Damm 333, www.gruenderzeitmuseum-mahlsdorf.de; Mi. und So. 10.00–18.00 Uhr).

ERLEBEN
Jüngst wurde der **Skywalk Marzahn** eröffnet, eine 70 m hohe Aussichtsplattform auf einem Hochhaus (Raoul-Wallenberg-Straße 40/42; nur nach Anm. Tel. 030 2 64 85 50 00; kostenlose Führungen).

INFORMATION
Tourismus-Information Marzahn-Hellersdorf, Hellersdorfer Straße 159, 12619 Berlin, Tel. 030 700 90 66 55, www.dein-marzahn-hellersdorf.berlin

Lichtenberg

Im 13. Jh. entstanden die ersten Dörfer in der Region. Der Bezirk besteht seit der Fusion von Lichtenberg und Hohenschönhausen 2001. In den 1920er- und 1930er-Jahren arbeiteten hier Architekten wie Max Taut (1884–1967) und Mies van der Rohe (1886–1969).
In Lichtenberg und Hohenschönhausen erinnern zwei Gedenkstätten an die Umtriebe des Ministeriums für Staatssicherheit.

SEHENSWERT
Auf dem Gelände des Schlossparks Friedrichsfelde gründete die DDR 1955 einen 13 **Tierpark** – heute von der Fläche größter in Europa. Rund 9000 Tiere leben in der Parklandschaft; Höhepunkt sind die Fütterungen und Tiershows (Am Tierpark 125, www.tierpark-berlin.de; April bis Sept. 9.00–18.30, Kasse 9.00–17.00 Uhr, sonst kürzer). Auf dem Gelände befindet sich auch das frühklassizistische **Schloss Friedrichsfelde** (1695 und um 1800; Sommer Di. bis So. 10.00–18.00 Uhr, sonst kürzer).
Mies van der Rohe entwarf 1932 das 8 **Landhaus Lemke** im Stil der klassischen Moderne, zu sehen sind Ausstellungen aus Kunst und Design (Oberseestraße 60, www.miesvanderrohehaus.de; Di.–So. 11.00–17.00 Uhr; Eintritt frei).

MUSEEN
Die Forschungs- und Gedenkstätte Normannenstraße in der einstigen Zentrale des zu DDR-Zeiten allgegenwärtigen Ministeriums für Staatsicherheit beherbergt das 10 **Stasimuseum;** zu sehen sind u. a. die Diensträume von Minister Erich Mielke (Normannenstr. 20, www.stasimuseum.de; Mo.–Fr. 10.00–18.00, Sa./So. 11.00–18.00 Uhr). Die 8 **Gedenkstätte Hohenschönhausen** dokumentiert die Geschichte des ehem. sowjetischen Speziallagers und späteren Stasi-Gefängnisses (Genslerstraße 66, www.stiftung-hsh.de; Ausstellung tgl. 9.00–18.00, stdl. Führungen März–Okt. tgl. 10.00–16.00, sonst Mo.–Fr. 11.00, 13.00 und 15.00, Sa./So. 10.00–16.00 Uhr).
Das 14 **Deutsch-Russische Museum** in Karlshorst hat seinen Sitz in den Räumen, in denen die Wehrmacht am 8. Mai 1945 die bedingungslose Kapitulation erklärte. Dokumente, Fotos und Filme dokumentieren den Krieg gegen die Sowjetunion (Zwieseler Str. 4, www.museum-karlshorst.de; Di.–So. 10.00 bis 18.00 Uhr).

ERLEBEN
Das 10 **Theater an der Parkaue** ist ein Staatstheater für Kinder und Jugendliche. Es bringt Mythen, Märchen und Klassiker auf die Bühne (Parkaue 29, Tel. 030 55 77 52 52, www.parkaue.de).

Little Vietnam

Hüte stapeln sich bis unter die Decke, daneben gibt es bunte Dessous. Ein Laden verkauft Wasserpfeifen, der nächste billige Koffer oder Kunstblumen. Asiatische Sprachfetzen schallen durch die Halle 8 im Dong Xuan Center. Das Gelände eines einstigen Volkseigenen Betriebes hat sich in ein „kleines Vietnam" verwandelt. Seit 2005 existiert das gigantische Einkaufszentrum der vietnamesischen Gemeinde – vorwiegend ehemalige Vertragsarbeiter aus DDR-Zeiten. Wer gerne kocht, findet hier frische Waren direkt aus Asien: Früchte des Sternapfelbaums und Wasserspinat, lebende Graskarpfen und Currypasten, indische Jujube-Früchte und Bananenblüten. Man kann aber auch vor Ort in kleinen Garküchen essen – garantiert authentisch.

INFORMATION
Dong-Xuan-Markt, Herzbergstraße 128, www.dongxuan-berlin.de; Mi.–Mo. 10.00–20.00 Uhr

HOTEL
Die € **Pension 11. Himmel** im 10. und 11. Stock eines DDR-Plattenbaus hat von Künstlern gestaltete Zimmer und ein Hochhauscafé (Wittenberger Straße 85, 12689 Berlin, Tel. 030 93 77 20 52, www.pension-11himmel.de).

INFORMATION
Rathaus Lichtenberg, Möllendorfstraße 6, 10367 Berlin, Tel. 030 90 29 60, www.berlin.de/ba-lichtenberg

Pankow

Der Bezirk Pankow, mit 415 000 Einw. eine ausgewachsene Großstadt, entstand durch die Zusammenlegung von Weißensee, Prenzlauer Berg und Pankow. Während der Prenzlauer Berg zu DDR-Zeiten eher von Künstlern und durch die erstarkende Oppositionsbewegung geprägt war, galt Pankow als Zentrum der SED-Elite. Heute zählt der Norden des Bezirks zu den am schnellsten wachsenden Stadtteilen in Deutschland.

SEHENSWERT
Das wiederholt umgestaltete 6 **Schloss Schönhausen** (Urspr. Ende 17. Jh.) diente der Gemahlin Friedrichs II., der Königin Elisabeth Christine, von 1740 bis 1797 als Sommerresidenz. Die Einrichtung blieb weitgehend erhalten. Zu DDR-Zeiten war der Bau bis 1960 Sitz des Präsidenten Wilhelm Pieck, später offizielles Gästehaus. Der Schlossgarten spiegelt rund 300 Jahre Gartengeschichte wider (Tschaikowskistraße 1, www.spsg.de; April–Okt. Di.–So. 10.00–17.30, sonst Sa./So. 10.00–16.00, Garten tgl. 8.00 Uhr bis Sonnenuntergang). Im angrenzenden **Majakowskiring** lebten einst hochrangige Vertreter der SED. Unter Denkmalschutz steht der **Jüdische Friedhof Weißensee** (1880), mit rund 42 Hektar der flächenmäßig größte erhaltene jüdische Friedhof Europas, mit bis zu 116 000 Grabstellen. Die Anlage mit ihren langen Alleen und prächtigen Grabstätten gilt als einer der schönsten Friedhöfe der Stadt (Herbert-Baum-Straße 45, www.jewish-cemetery-weissensee.org; April–Sept. Mo.–Do. 7.30–17.00, Fr. 7.30 bis 14.30, So. 8.00–17.00 Uhr, sonst kürzer).

ERLEBEN
Sandstrand gibt es im 7 **Strandbad Weissensee**, einem natürlichen See (Berliner Allee 155, Mai–Sept. tgl. 10.00–22.00 Uhr).

HOTEL
Die €€ **Alte Bäckerei Pankow** ist nicht nur ein Museum für Dorfkultur im Pankow, sondern bietet auch zwei Gästezimmer mit historischem Ambiente (Wollankstraße 130, 13187 Berlin, www.alte-baeckerei-pankow.de).

INFORMATION
Tourist-Information, Haus 2 der Kultur-Brauerei, Schönhauser Allee 36, 10435 Berlin, Tel. 030 91 20 67 75, www.tic berlin.de

DAS PADDEL IN DER HAND

Wer Berlin einmal aus einer ungewöhnlichen Perspektive erleben will, geht mit dem Kanu auf Ausflugstour. Von der Insel der Jugend in Köpenick kann man sich zu einer Tour durch die ganze Stadt aufmachen.

„Oberbaumbrücke backbord voraus." Gerade haben wir mit unserem Kanu die Skulptur der „Molecule Men" passiert, und nun geht es weiter. Die „Molekülmänner" sind 30 Meter hoch, symbolisieren die Berliner Stadtteile Kreuzberg, Friedrichshain und Treptow, die an dieser Stelle aneinandergrenzen, und sie stehen mitten in der Spree. Den Blick von unten auf die Riesenfiguren bekommen die wenigsten Touristen zu sehen. Ungewöhnliche Perspektiven wie diese erlebt man nur von einem Boot aus. Aber Achtung: Die Spree darf im Innenstadtbereich von Kanus und allen anderen mit Körperkraft betriebenen Booten nicht befahren werden. Von Osten kommend, ist an der Oberbaumbrücke Schluss, im Westen muss man beim Bundeskanzleramt umkehren. Auf dem Landwehrkanal kann man dagegen durch ganz Berlin paddeln. Ein bisschen aufpassen muss man dennoch. Ausflugsdampfer sorgen u. a. mitunter für erheblichen Wellengang.

Warum Berlin nicht mal auf dem Wasserweg erkunden – paddelnd oder tretend

Dann heißt es, den Bug des kleinen Gefährts in die Wellen zu richten. So bietet man ihnen weniger Angriffsfläche und vermindert die Kentergefahr. Wer sich erfahrenen Geleitschutz holen und zudem eine Stadtführung vom Wasser aus erleben möchte, schließt sich einer geführten Paddeltouren an.

Kanuverleih:
Kanuliebe: Insel der Jugend. Ideal für Touren durch den Ostteil der Stadt, z. B. zur Oberbaumbrücke (Alt-Treptow 6, www.kanuliebe.de)

Bootsladen: ideal für Kanutoren in „Klein Venedig", einem Werder in Spandau und auf dem Wannsee (Brandensteinweg 37, www.der-bootsladen.de; Mo./Di. geschl.)

Kayak Berlin Tours (www.kajakberlintours.de), **Der Kanutourist** (www.derkanutourist.de), **Backstagetourism** (www.backstage tourism.com): bieten auch geführte Touren durch Teile der Stadt

Images © Kerstin Klupsch

HILFREICH & NÜTZLICH

Keine Reise ohne Planung. Auf den folgenden Seiten sind Wissenswertes und nützliche Informationen für einen Berlin-Aufenthalt zusammengestellt.

Breitscheidplatz mit Kaiser-Wilhelm-Gedächtniskirche und Bikini-Haus, das sich als Urban Hub und Social Universe versteht.

Anreise

Mit dem Auto: Gut ausgebaute Autobahnen Richtung Berlin münden in die A 10, den Berliner Ring, der die Stadt umschließt. Für schnelle Verbindungen innerhalb der Metropole sorgt die Stadtautobahn – zur Rushhour fließt der Verkehr hier jedoch zäh. In der Innenstadt ist eine Umweltzone eingerichtet, in der nur Fahrzeuge mit grüner Plakette fahren dürfen. In vielen Bezirken sind Parkzonen eingerichtet, in denen Parken kostenpflichtig ist.
Mit der Bahn: Wichtigster Knotenpunkt ist der Hauptbahnhof; viele ICE und Intercity halten auch am Ostbahnhof, am Südkreuz, in Berlin-Spandau und am Bahnhof Gesundbrunnen. Informationen unter Tel. 030 29 70 bzw. www.bahn.de.
Mit dem Bus: Die meisten Buslinien steuern den Zentralen Omnibusbahnhof (ZOB) in Charlottenburg neben dem Messegelände an, der über eine Gepäckaufbewahrung, eine Wartehalle sowie einen bewachten Pkw-Parkplatz verfügt und gut an den öffentlichen Nahverkehr angebunden ist. Weitere Haltestellen befinden sich u. a. am Alexanderplatz und am Flughafen BER (Flixbus, www.flixbus.de).
Mit dem Flugzeug: Der neue Flughafen Berlin Brandenburg Willy Brandt in Schönefeld südlich der Stadtgrenze von Berlin hat 2020 seinen Betrieb aufgenommen (www.ber.berlin-airport.de). Er ist vom Stadtgebiet aus mit dem Airport Express (FEX), mehreren Regional- und S-Bahnen sowie Buslinien erreichbar.

Auskunft

Die **Berlin Tourist Info** informiert telefonisch unter 030 25 00 23 33 und per Mail hallo@visitberlin.de. Viele Informationen sind auch unter www.visitberlin.de verfügbar, Broschüren können kostenpflichtig bestellt werden.
In mehreren Filialen sind außerdem Hotelzimmer und Tickets für Rundfahrten, Museen und den öffentlichen Nahverkehr zu buchen bzw. zu kaufen.
Flughafen BER: Terminal 1/Ebene 0, 9.00 bis 21.00 Uhr
Hauptbahnhof: Erdgeschoss, Europaplatz, tgl. 8.00–21.00 Uhr
Humboldt-Forum: Schlossplatz, 10.00–18.00 Uhr
Brandenburger Tor: Pariser Platz, 10.00 bis 18.00 Uhr

Barrierefreiheit

Viele Verkehrsmittel, Hotels, Restaurants, Museen und Geschäfte sind auf Gäste mit Handicap eingerichtet. Der **Hauptbahnhof** ist mit sprechenden Aufzügen und Blindenleitsystem ausgestattet; auch weitere **Fernbahnhöfe** wie Südkreuz oder Ostbahnhof sind barrierefrei (Infos: Tel. 0180 651 25 12, kostenpflichtig).
Ein großer Teil der **U- und S-Bahnhöfe** ist mit Aufzügen ausgestattet. Die gesamte **Busflotte** ist mit ausklappbaren Rampen bestückt, an den meisten **Straßenbahnlinien** befindet sich ein Rollstuhleinstieg im vorderen Wagen (www.bvg.de/barrierefrei).
Einzigartig ist der **Bus & Bahn Begleitservice** des Verkehrsverbunds Berlin-Brandenburg – auf Wunsch können sich Fahrgäste kostenlos durch die Stadt begleiten lassen (Mo.–Fr. 7.00 bis 22.00 Uhr, Reservierung unter Tel. 030 34 64 99 40 und www.vbb.de).
Die Datenbank Mobidat informiert über die Zugänglichkeit von **Sehenswürdigkeiten und Hotels** (www.mobidat.net). Einen akustischen Reiseführer für **Blinde und Sehbehinderte** findet man unter www.berlinfuerblinde.de.

Essen und Trinken

Currywurst und Bulette – an diese beiden Klassiker denken die meisten nach wie vor beim Stichwort **Berliner Küche.** Tatsächlich dominierten lange Zeit deftige Gerichte wie Eisbein mit Erbspüree, Kalbsleber und Sülze mit Bratkartoffeln die Speisekarten.
Anfang der 1970er kam der Döner dazu – frisch geschnittenes gegrilltes Fleisch im Fladenbrot, zunächst nur trocken oder mit Zwiebeln serviert, später auch mit Salat. Doch mit der Wende setzte auch in Berlins Gastronomie ein Wandel ein: Mit dem Zustrom von Menschen aus aller Welt hielten Küchentraditionen Einzug, die heute aus dem Straßenbild nicht mehr wegzudenken sind: Es gibt mexikanische und peruanische, thailändische und koreanische, südafrikanische und äthiopische Restaurants. Und neben mancher Currywurstbude hat heute ein stylisher Foodtruck geparkt, der Bio-Hamburger oder Käsespätzle verkauft.
Für die Ausgabe 2024 des Restaurantführers Michelin wurden 21 Restaurants mit Sternen ausgezeichnet – Berlin ist die Stadt mit den meisten **Sternerestaurants** Deutschlands. Neben innovativen, originellen Rezepten stehen dabei auch Regionalität und Nachhaltigkeit im Vordergrund. Auch der Trend zu vegetarischer und veganer Lebensweise schlägt sich in der Restaurantszene nieder – nur die Currywurst, sie blieb unverändert.
Restaurantempfehlungen finden sich auf den jeweiligen Info-Seiten.

Preiskategorien

€€€€	Hauptspeisen	über 25 €
€€€	Hauptspeisen	15–25 €
€€	Hauptspeisen	10–15 €
€	Hauptspeisen	unter 10 €

Kinder und Familien

„Lernen durch Selbermachen" lautet das Motto im **Kindermuseum Labyrinth** mit seinen wechselnden Ausstellungen (www.kindermuseum-labyrinth.de). Auch im **MACHmit! Museum** lernt man spielerisch bei handwerklichen und künstlerischen Aktivitäten (www.machmitmuseum.de). Das **Jugendmuseum** in Schöneberg führt in Ausstellungen, Projekttagen und Workshops in die Geschichte Berlins ein (www.jugendmuseum.de).
Im **Computerspielemuseum** dreht sich alles um digitale Welten (www.computerspielemuseum.de). Populär, aber nicht preisgünstig, ist das **Legoland Discovery Centre** (www.legolanddiscoverycentre.de).
Die „klassischen" **Museen** informieren über das Museumsportal Berlin (www.museumsportal-berlin.de).
Landleben finden Familien in der Alte Fasanerie in Lübars (www.alte-fasanerie-luebars.de); das kleinere Pendant im Osten nennt sich Kinderbauernhof Pinke-Panke (www.kinderbauernhof-pinke-panke.de). In der Wuhlheide erwartet Kinder im **Freizeitzentrum FEZ** ein Badesee sowie ein umfangreiches Programm (www.fez-berlin.de).

Erich Mielkes Büro in der Minister-Etage
Foto: Stasimuseum/Steer

Stasimuseum in der Stasi-Zentrale

im ehemaligen Dienstsitz des letzten Minister für Staatssicherheit Erich Mielke

An diesem Ort wurde Geschichte geschrieben! Am Abend des 15. Januar 1990 strömten tausende Demonstranten durch das Haupttor in die Zentrale des Ministeriums für Staatssicherheit in Ost-Berlin und forderten lautstark das Ende der Spitzelei. Die Stasi-Mitarbeiter konnten nur hilflos zuschauen. Die Demonstration gilt als ein Schlüsselmoment auf dem Weg zur deutschen Wiedervereinigung.

Das Ministerium für Staatssicherheit war von 1950 bis 1990 der zentrale Geheimdienst und die wichtigste Sicherheitsbehörde der DDR. Die Stasi unterhielt ein Netz von 189.000 Informanten in der DDR und tausenden Agenten in der Bundesrepublik und West-Europa. Sie kontrollierte alle Bereiche des Lebens in der DDR und hatte in jeder Bezirksstadt ein Gefängnis.

Heute ist die ehemalige Stasi-Zentrale ein einzigartiger Ort für Geschichtsinteressierte. Wo bis 1989 etwa 7.000 Geheimdienstmitarbeiter Telefongespräche abhörten, Briefe öffneten und Millionen Akten anhäuften, können Sie drei Ausstellungen besuchen.

Im Zentrum steht das Stasimuseum im Haus 1, das auf vier Etagen die Arbeitsweise der Stasi dokumentiert. Es gehört zu den meistbesuchten Museen Berlins. Zu sehen sind Originaldokumente und Überwachungsgeräte. Besonders beeindruckend sind das original erhaltene Büro des letzten Stasi-Chefs, Erich Mielke, sowie ein Kameraversteck aus dem Jahr 1966 zur heimlichen Beobachtung der Mitarbeiter des Ministers. Im Haus 7 zeigt das Stasi-Unterlagen-Archiv die Akten-Ausstellung „Einblick ins Geheime". Im Innenhof wird von der Robert-Havemann-Gesellschaft auf großformatigen Tafeln die Geschichte von Opposition und Mauerfall geschildert.

Mo - Fr: 10.00 - 18.00 Uhr
Sa, So: 11.00 - 18.00 Uhr

www.stasimuseum.de
info@stasimuseum.de

U5 Magdalenenstraße
S Frankfurter Allee

Miniaturkamera F-21 mit Knopfaufsatz
Foto: Stasimuseum/Steer

Haus 1 war der Dienstsitz des Ministers für Staatssicherheit in der DDR
Foto: Stasimuseum/Steer

Erich Mielke vor einer Ehrenkompanie des Wachregimentes des MfS, 1975
Foto: BArch, MfS, ZAIG, Fo 2479, Bild 4

Historisches Foyer im Stasimuseum
Foto: Stasimuseum/Steer

Das „Diener" wurde 1954 von Franz Diener, in den 1920er-Jahren Boxchampion und Schwergewichtsmeister, eröffnet. Die Wände schmücken Fotos der Prominenten, die hier in der Grolmanstraße Eisbein aßen oder sich 'ne Molle bestellten.

Auch die Berliner **Opernhäuser** bieten Veranstaltungen für Kinder, u.a. in der Deutschen Oper (www.deutscheoperberlin.de), in der Staatsoper (www.staatsoper-berlin.de) und in der Komischen Oper mit Opern- und Konzertreihen für junges Publikum (www.komische-oper-berlin.de). Dazu kommen spezielle Programme vieler **Theater**, u.a. im Grips-Theater (www.grips-theater.de), Atze Musiktheater (www.atzeberlin.de) oder im Theater an der Parkaue (www.parkaue.de). **Weitere Infos:** www.visitberlin.de/de/berlin-kinder, www.berlinmitkind.de, www.berlin-familie.de.
Der **Museumspass Berlin** umfasst den freien Eintritt an drei aufeinanderfolgenden Kalendertagen in über 30 Museen – und das für 32 €, Kinder zahlen die Hälfte (www.visitberlin.de). Siehe auch **Welcome Card** unten.

Öffentlicher Verkehr

Bahn und Bus: Berlin verfügt über ein öffentliches Nahverkehrssystem mit einem dichten Netz aus U- und S-Bahnlinien, Bus- und Straßenbahnverbindungen. Das Netz ist in drei Tarifzonen unterteilt: Tarifbereich A ist durch den S-Bahn-Ring begrenzt und umfasst die Innenstadt. Tarifbereich B endet an den Stadtgrenzen. Tarifbereich C umfasst auch das angrenzende Umland, das vor allem über die S-Bahn erreichbar ist. Angeboten werden Tickets kombiniert für die Tarifbereiche AB, BC sowie ABC. Für die meisten Fahrten ist der Innenstadttarif AB ausreichend. Die Fahrkarten im Regeltarif sind 120 Min. in einer Richtung gültig. Wichtig: Die **Tickets** müssen vor Fahrtantritt abgestempelt werden.
Taxi: In Berlin verkehren 8000 Taxen. Der Grundpreis beträgt 4,30 €, der Kilometerpreis für die ersten 3 km je 2,80 €, für 3 bis 7 km je 2,60 € und für alle weiteren km 2,10 €. Auf einer Strecke unter 2 km kann man den Kurzstreckentarif von pauschal 6 € wählen (ausdrücklich vor Fahrtbeginn).
Taxiunternehmen: Taxi Berlin Tel. 030 20 20 20, Würfelfunk Tel. 030 21 01 01, Taxifunk Berlin Tel. 030 44 33 22, Funktaxi Berlin Tel. 030 26 10 26.
Berlin Welcome Card: Sie erlaubt die freie Fahrt mit öffentlichen Verkehrsmitteln und bietet günstige Konditionen bei rund 170 Partnern mit Rabatten (25–50 %). Sie wird in 12 Varianten abhängig vom Tarifbereich der Verkehrsbetriebe und der gewünschten Dauer ausgegeben. Die Ermäßigungskarte ist zwischen zwei und sechs Tagen gültig. Eintritt in alle Häuser der Museumsinsel kann dazugebucht werden. Die günstigste Variante mit 48 Std. Gültigkeit ist für 26 € erhältlich (ein Erwachsener plus freie Fahrt für bis zu drei Kinder zw. 6 und 14 Jahren). Inklusive ist ein Reiseführer mit herausnehmbarem Stadtplan. Die Welcome Card ist online und in den Tourist-Informationen, vielen Hotels und Verkaufsstellen von U- und S-Bahn zu bekommen (www.berlin-welcomecard.de).

Reisezeit

Die Saison beginnt mit den ersten wärmenden Sonnenstrahlen des Jahres – dann stellen Cafés und Restaurants die Tische hinaus. Ab Mai herrschen angenehme Temperaturen um 15 Grad Celsius, im Sommer kann es bis über 30 Grad Celsius heiß werden, das Leben findet dann bei mediterranem Flair im Freien statt. Mit Glück erlebt man im Herbst einen farbenfrohen Indian Summer, bis die Novemberstürme das letzte Laub von den Bäumen holen. Im Winter kann es schneien, die Pracht bleibt jedoch selten lange liegen. Unangenehm kann es im Januar und Februar werden bei Temperaturen um null Grad Celsius und Hochnebel.

Sportlich aktiv

Baden: Im Sommer zieht es die Berliner an die Seen, ins Strandbad Wannsee im Westen oder das Strandbad Müggelsee im Osten. Gebadet wird auch an kleineren Gewässern wie dem Schlachtensee, dem Weißen See, den Grunewaldseen und der Krummen Lanke. Die Wasserqualität wird regelmäßig überprüft (https://badestellen.berlin.de).
Klettern: Kletterer treffen sich u.a. in Marienfelde in der Area 85 (https://southrock-berlin.de), auch im Ostbloc an der Rummelsburger Bucht (www.ostbloc.de). Magic Mountain im Wedding bietet bis zu 16 m hohe Wände (www.magicmountain.de). Ein Indoor-Hochseilgarten und ein Klettersteig sind Teile des Bergwerks in Hellersdorf (www.bergwerk-berlin.de). Ein Bunker wurde in Friedrichshain zur Übungsfläche umfunktioniert (www.derkegel.de).
Radfahren: Der Anteil des Fahrradverkehrs liegt in Berlin bei rund 18 %, mit steigender Tendenz. Gleichzeitig landet die Stadt bei

Daten & Fakten

Geografisch: Mit 892 km² Fläche ist Berlin fast neunmal so groß wie Paris. Die Stadtgrenze ist 234 km lang, die größte Ausdehnung von Ost nach West beträgt 45 km, von Nord nach Süd 38 km. Berlin ist komplett vom Bundesland Brandenburg umschlossen. Die Landesgrenze zu Polen liegt rund 70 km östlich.
Berlin gilt als eine der waldreichsten Großstädte Europas; knapp ein Drittel der Stadtfläche bedecken Grün, Wald und Wasser. In der Metropole befinden sich mehr als 180 km schiffbare Wasserstraßen. Die Straßen werden von 431 000 Bäumen gesäumt. 2500 Parks und Grünanlagen bieten Raum für Erholung. Zudem gibt es fast 900 Kleingartenkolonien – sie stehen weitgehend unter Schutz. Die höchsten Erhebungen sind die Arkenberge (121 m) in Pankow, der aus Trümmerschutt bestehende Teufelsberg (120 m) und der große Müggelberg (115 m).
Bevölkerung: Ende 2023 waren in Berlin rund 3,88 Mio. Einw. gemeldet. Die Stadt wächst seit einigen Jahren sehr dynamisch: In den zehn Jahren von 2009 bis 2019 hat Berlin rund 400 000 Personen dazugewonnen. 2022 sind rund 100 000 Menschen aus der Ukraine nach Berlin geflohen. Zurzeit sind rund 946 000 Ausländer aus 180 Staaten in Berlin registriert; die größte Migrantengruppe bilden mit rund 134 000 Personen Menschen aus der ehem. Sowjetunion. Eine Prognose geht für 2040 von einer Einwohnerzahl von über 3,9 Mio. aus.
Wirtschaft: Die Berliner Wirtschaft befindet sich seit etwa 2005 in einem Aufholprozess, das Bruttoinlandsprodukt wächst seitdem um durchschnittlich 2 % im Jahr; 2023 lag es bei 193,22 Mrd. Euro. Die Zahl der Erwerbstätigen befindet sich im Aufwärtstrend; sie liegt Ende 2023 bei 2,19 Mio. Personen. Eine große Bedeutung kommt dem Tourismus zu, der bis zur Coronapandemie Wachstumszahlen von 5 % jährlich vermeldete. 2019 wurden noch 34 Mio. Übernachtungen verzeichnet, Berlin stand auf Platz drei der europäischen Städtereiseziele. Nun geht man davon aus, dass es noch länger dauert, bis die Metropole wieder an diese Ergebnisse anknüpft: 2023 wurden rund 29 Mio. Übernachtungen und 12 Mio. Gäste gezählt, 40 % davon kamen aus dem Ausland.

Umfragen in puncto Fahrradfreundlichkeit regelmäßig auf hinteren Rängen – dem wachsenden Bedürfnis nach sicheren Radwegen trägt die Verkehrspolitik noch unzureichend Rechnung. Dennoch ist das Rad ideal zum Sightseeing. Überall in der Stadt findet man Verleihstationen (Leihgebühr ca. 12 €/Tag), dazu kommt das System Call-a-Bike (www.callabike.de). Mitnahme von Fahrrädern in U-, S- und Straßenbahnen ist mit einem Fahrradticket möglich.
Der ADFC informiert über Radtouren unter www.radundtouren.de, Visit Berlin unter www.visitberlin.de/de/mit-dem-fahrrad-berlin. Geführte Radtouren findet man unter https://berlinonbike.de.
Schiffstouren: Auf Spree, Havel und Landwehrkanal sowie zahlreichen Seen sind Schiffsfahrten im Angebot, die von der einstündigen Innenstadtrunde bis zum Sieben-Seen-Ausflug reichen (u. a. www.sternundkreis.de). Dazu kommen Thementouren wie abendliche Lichterfahrten (2 Std. ab Plänterwald, www.spreetours.de). Beliebt ist auch die „Mörderische Spreefahrt", ein Krimidinner auf dem Wasser (www.artdeshauses.de).

Spezielle Stadttouren

Die Agentur **GoArt!** (www.goart-berlin.de) stellt Touren zu Kunst, Architektur, Mode und Design zusammen. **StattReisen** (www.stattreisenberlin.de) hat das wohl umfangreichste Angebot von Touren in einzelne Berliner Kieze. Der Veranstalter **Go2Know** (www.go2know.de) bietet Touren zu „lost places" an. „Berlin mit anderen Augen" – so möchte **Cross Roads** (www.crossroads-berlin.com) Besuchern die Stadt nahebringen. Im Rahmen einer **Trabi-Safari** (East Car Tours, www.trabi-safari.de) kann man die „Rennpappe" – über 100 Trabis stehen zur Auswahl – selbst einmal durch Berlin steuern. **Hörspiele** zum Mitlaufen gibt es auf einem Leihgerät oder als App bei „Stadt im Ohr" (www.stadt-im-ohr.de).

Unterkunft

Hotels: 2024 zählte Berlin rund 730 Beherbergungsbetriebe, rund 25 davon haben 5-Sterne-Niveau. Am bekanntesten ist das „Adlon Kempinski" am Pariser Platz, ein weiteres Flaggschiff das „Waldorf Astoria" im höchsten Gebäude der City West. Zur Spitzenhotellerie kommen eine große Auswahl mittelständischer Hotels sowie diverse Hostels. Insgesamt ist das Preisniveau in der Hauptstadt niedriger als in vergleichbaren europäischen Metropolen. **Hotelempfehlungen** finden sich auf den Info-Seiten.
Camping: In Berlin gibt es rund ein Dutzend Campingplätze, die meisten liegen im grünen Westen in Havelnähe. Infos über www.visitberlin.de und www.dccberlin.de.
Jugendherbergen: Das Deutsche Jugendherbergswerk nennt für Berlin u. a. die Häuser nahe dem Potsdamer Platz, am Ostkreuz, am Tegeler Fließ und am Wannsee (www.jugendherberge.de/berlin-brandenburg).
City Tax: Berlin hat 2014 eine „Bettensteuer" für Privatreisende eingeführt. Sie betrifft Übernachtungen in Hotels, Pensionen, Ferienwohnungen, Hostels, Jugendherbergen und auf Campingplätzen. Beruflich veranlasste Übernachtungen sind davon ausgenommen. Die Steuer von 5 % wird auf den Übernachtungsnettopreis erhoben.

Preiskategorien

€€€€	Doppelzimmer	über 200 €
€€€	Doppelzimmer	140–200 €
€€	Doppelzimmer	80–140 €
€	Doppelzimmer	bis 80 €

Info

Geschichte

12. Jh.: Die Siedlungen Coelln und Berlin entstehen, Coelln ist erstmals 1237 urkundlich erwähnt, Berlin folgt 1244.
1411: Beginn der rund 500-jährigen Hohenzollern-Herrschaft mit Kurfürst Friedrich I.
1640: Beginn der Regierungszeit von Friedrich Wilhelm, dem Großen Kurfürsten.
1671: Gründung der jüdischen Gemeinde.
1685: Toleranzedikt von Potsdam; rund 12 000 hugenottische Glaubensflüchtlinge bringen aus Frankreich Know-how und handwerkliche Kenntnisse mit.
1701: Kurfürst Friedrich III. krönt sich selbst zu Friedrich I., König in Preußen.
1740: Amtsantritt von Friedrich II., dem „Großen". Berlin wird ein Zentrum der Aufklärung.
1791: Einweihung des Brandenburger Tors.
1806: Napoleon besetzt mit seiner Armee Berlin.
1810: Gründung der Humboldt-Universität.
1871: Berlin wird Hauptstadt des neu gegründeten Deutschen Reichs.
1877: Die Einwohnerzahl übersteigt 1 Mio.
1902: Die erste U-Bahnlinie wird eröffnet.
1914–1918: Erster Weltkrieg; Kaiser Wilhelm II. dankt ab.
1933: Machtübernahme Adolf Hitlers, Bücherverbrennung auf dem Bebelplatz.
1936: Olympische Sommerspiele in Berlin.
1939–1945: Zweiter Weltkrieg. Sowjetische Soldaten hissen am 30.4.1945 die rote Fahne auf dem Reichstag. Am 8.5.1945 Unterzeichnung der Kapitulation in Berlin-Karlshorst. Berlin wird in vier Sektoren aufgeteilt.
1948/49: Blockade Westberlins, Luftbrücke.
1949: Gründung der Bundesrepublik Deutschland am 23.5.1949, der Deutschen Demokratischen Republik am 7.10.1949.
1961: Beginn des Mauerbaus am 13.8.1961.
1963: Besuch von US-Präsident John F. Kennedy: „Ich bin ein Berliner".
1967: Der Student Benno Ohnesorg wird erschossen; Demonstrationen der APO.
1970er-Jahre: Hausbesetzungen in Kreuzberg.
1987: Berlin feiert 750 Jahre Stadtgründung.
9.11.1989: Tag des Mauerfalls.
1990: Erste freie Wahlen zur Volkskammer der DDR im März; Vereinigung der beiden deutschen Staaten am 3.10.1990.
1991: Der Bundestag in Bonn bestimmt Berlin zum Regierungssitz; Umzug erst 1999.
1999: Die UNESCO ernennt die Museumsinsel zum Welterbe.
2008: Sechs Siedlungen der Berliner Moderne werden UNESCO-Welterbestätten.
2016: Terroranschlag auf dem Weihnachtsmarkt auf dem Breitscheidplatz.
2019: Eröffnung der James-Simon-Galerie auf der Museumsinsel.
2020: Mit neun Jahren Verspätung eröffnet der Flughafen BER.
2023: Die Wahl zum Berliner Abgeordnetenhaus vom Herbst 2022 muss wegen gravierender Fehler wiederholt werden. Wahlgewinner ist die CDU. Das Pergamonmuseum schließt bis mind. 2027 komplett.
2024: Berlin ist Schauplatz von sechs Spielen der Fußball-Europameisterschaft.

Veranstaltungen

Der Febr. steht im Zeichen der **Internationalen Filmfestspiele** (www.berlinale.de). Im März findet die **Internationale Tourismusbörse Berlin** (ITB) auf dem Messegelände statt (www.itb-berlin.de). Im Mai werden im Rahmen des **Theatertreffens** Inszenierungen aus ganz Deutschland gezeigt (www.berlinerfestspiele.de). Zum **Karneval der Kulturen** versammeln sich an Pfingsten rund eine Million Menschen. Alle zwei Jahre wird die **Berlin Biennale** für zeitgenössische Kunst ausgerichtet (www.berlinbiennale.de; erneut Juni–Sept. 2025). Freier Eintritt gilt für die rund 100 Bühnen der **Fête de la Musique** am 21. Juni (www.fetedelamusique.de). Tradition hat auch der **Christopher Street Day** (CSD) im Juli. Bei der **Langen Nacht der Museen** im Aug. verbinden Bus-Shuttles Museen (www.langenachtdermuseen.de). Neueste Trends stellt im Sept. die **Internationale Funkausstellung** vor. Bei der **Gallery Night** präsentieren rund 50 Galerien Ausstellungen (www.gallery-weekend-berlin.de). Der **Berlin Marathon** im Sept. gilt als eines der größten Lauf-Events der Welt. Beim **Festival of Lights** im Okt. werden zahlreiche prominente Gebäude farbenfroh angeleuchtet (www.festival-of-lights.de). Im Dez. gibt es über **80 Weihnachtsmärkte**. Das Jahr endet mit der großen **Silvesterfeier** am Brandenburger Tor.

REGISTER

Fette Ziffern: Abbildungen

IMPRESSUM

DuMont Bildatlas Berlin, 5. Auflage 2025
ISBN 978-3-616-01206-3

Redaktion: Achim Bourmer
Text: Oliver Gerhard und Rasso Knoller
Exklusiv-Fotografie: Sabine Lubenow
Titelbild: Huber Images/Antonino Bartuccio (Brandenburger Tor)
Zusätzliches Bildmaterial: picture alliance/eventpress Hoensch (S. 22 l.); picture alliance/Hannibal Hannschke (S. 22 r.); picture alliance/Hubert Link (S. 23 o.l.); picture alliance/POP-EYE/Scherf (S. 23 u.r.); picture alliance/Alexander Prautzsch/dpa (S. 23 o.r.); shutterstock/Mo Wu (S. 42 o.l.); mauritius/Klaus Neuner (S. 43 l.); © Futurium/Ali Ghandtschi (S. 43 r.); picture alliance/ Jens Kalaene (46 u.); shutterstock/Plam Petrov (S. 53 u.r.); getty images/ Andreas Rentz (S. 59); laif/Piero Oliosi (S. 60 u.); TwosecondsPhotography/ Hannes Kutza für Green Fashion Tours (S. 65); mauritius/Iain Masterton (S. 81); mauritius/Reciprocity Images Editorial/Alamy (S. 89 u.); huber/Iris Kaczmarczyk (S. 93 l.); laif/Anita Back (S. 93 u.r.); AWL/Sabine Lubenow (S. 124 l.); laif/Anita Back (124 r.); picture alliance/Britta Pedersen (125 o.l.); laif/Gordon Welters (S. 125 o.r.); Urban Bees/Bayat (S. 125 M.); mauritius/ Christian Reiser (S. 125 u.)
Grafische Konzeption: fpm factor product münchen
Layout, Cover-Gestaltung: CYCLUS · Visuelle Kommunikation, Stuttgart
Kartografie: © KOMPASS-Karten GmbH, A-6020 Innsbruck; MAIRDUMONT, D-73751 Ostfildern; Kartografie Lawall, D-72669 Unterensingen (Karten für »Unsere Favoriten«)
Reproduktionen: PPP Pre Print Partner, GmbH & Co. KG, Köln

Lob oder Kritik? Wir freuen uns auf eine Nachricht! Trotz gründlicher Recherche schleichen sich manchmal Fehler ein. Wir bitten um Verständnis, dass der Verlag dafür keine Haftung übernehmen kann.
Redaktion DuMont Reise • MAIRDUMONT • info@dumontreise.de

Anzeigenvermarktung: MAIRDUMONT MEDIA, Tel. 0711/4502-0, Fax 0711/4502-1012, media@mairdumont.com, http://media.mairdumont.com

Printed in Germany

Urlaub erinnern …

Am besten packen Sie vor der Rückreise ein bisschen von diesem ganz speziellen Berlingefühl in den Koffer. Dann kommen Sie sicher sehr bald wieder in die Hauptstadt.

COOL WIE BERLIN

Die Blockade von Berlin, jahrelanges Eingesperrtsein hinter Stacheldraht und Mauer, ein Flughafen, der über Jahre nicht fertig wurde und eine überforderte Verwaltung. Die Berliner bringt nichts aus der Ruhe. Ein bisschen von dieser Lässigkeit mit nach Hause zu nehmen, kann nicht schaden. Damit klappen die Dinge zwar vielleicht immer noch nicht, aber man nimmt es leichter.

STADTROMANTIK IM SINN

Die Modersohnbrücke in Friedrichshain ist der ideale Ort für Stadtromantiker. Abend für Abend treffen sich hier Leute aus dem Kiez, um zuzusehen, wie die Sonne über den S-Bahn-Gleisen versinkt. Und der Fernsehturm bildet den Hintergrund für das perfekte Berlin-Selfie.

PORZELLAN AUS DER MANUFAKTUR

Eine Souvenirtasse mit dem Brandenburger Tor oder dem Fernsehturm drauf? Warum nicht?! Doch Berlin kann auch edel. Teller und Tassen aus der Königlichen Porzellan-Manufaktur (www.kpm-berlin.com) sind Erinnerungen mit Wert und Stil.

AUFKLAPPBAR

Eine Postkarte vom Brandenburger Tor? So originell ist die Idee nicht. Schon besser wird es, wenn die oder der Beschenkte die Berliner Sehenswürdigkeit zu Hause auf dem Schreibtisch aufstellen kann. Eine Pop-up-Postkarte, auch vom Fernsehturm oder dem Reichstag, macht's möglich.

»DAS BERLINER WESEN, DAS EINEM AUF DER STRASSE UND IN DER KNEIPE, ÜBERHAUPT IM ALLTÄGLICHEN LEBEN ENTGEGENTRITT, IST ANFANGS UNGENIESSBAR.«

So empfand es Theodor Fontane (1819–1898), der lange in Berlin lebte.

MIKRO-GERSTENSAFT

Das Bier der großen Berliner Brauereien kann man bundesweit im Getränkemarkt kaufen, aber es gibt auch viele Mikrobrauereien. Ob die Vagabund Brauerei und das Eschenbräu im Wedding, das Pfefferbräu im Prenzlauer Berg, Schoppe Bräu und Rollberg in Neukölln, Brewdog in Mariendorf oder Hops & Barley (Abb. li.) in Friedrichshain – die Auswahl ist riesig.

HAUPTSTADTROMAN

Berlin im Roman „nacherleben"? Die Auswahl ist groß. Der Klassiker ist natürlich Alfred Döblins „Berlin Alexanderplatz". Aber mit Julia Francks 2007 erschienenem Roman „Die Mittagsfrau" tauchen Leser tief ins Berlin der 1920er-Jahre ein. Ins Kreuzberg der 1980er entführt einen Sven Regener u. a. mit seinem Roman „Herr Lehmann". Die Berliner Nachwendejahre schildert Lutz Seiler in seinem Buch „Stern 111".

VERSTÄNDNISHILFE

Zur Vorbereitung und fürs Nachblättern gleichermaßen geeignet: ein Wörterbuch Berlinerisch-Deutsch – so gibt es keine Missverständnisse, Gäste verstehen die „Berlina Schnauze", und es macht sich gut im Regal.

LUST AUF MEHR?

Auch wer Berlin schon oft besucht hat, entdeckt immer wieder Neues. Warum also nicht nach der Rückkehr gleich einen Natururlaub in der Hauptstadt planen? Im Tiergarten, dem riesigen Park, sagen sich Fuchs und Hase gute Nacht; ein Ausflug an den Stadtrand wird schnell zu einer Reise ins Seenland – vielleicht findet der nächste Aufenthalt mal am und auf dem Wasser statt?

SCHARFE WURST

Auch wenn man etwa im Ruhrgebiet etwas anderes behauptet – die Currywurst ist eine Berliner Erfindung. Wer den Hauptstadtgeschmack auf den heimischen Esstisch bringen will, kauft sich vor der Abfahrt bei seinem Lieblingsstand ein paar eingeschweißte Würste.

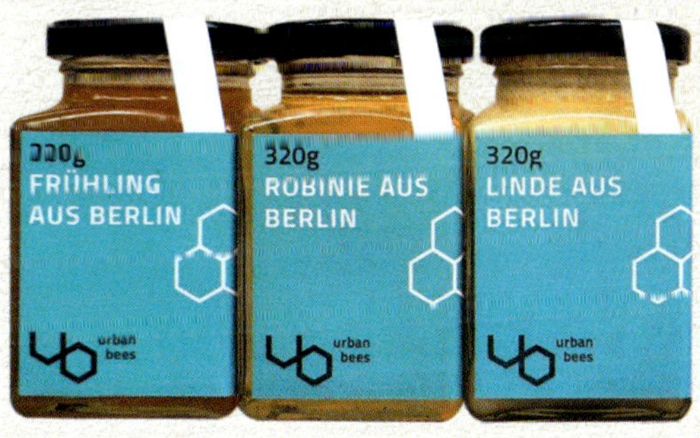

SÜSSES BERLIN

Honig aus der Hauptstadt. Das zumindest ist ein originelles Mitbringsel. In Berlin ist Bienenzucht hip und urban. Manchmal bekommt man den Hauptstadthonig sogar im Supermarkt, auch im Souvenirladen, oder man holt ihn direkt beim Produzenten ab (u. a. www.urbanbees.berlin, www.stadtfarm.de).

JAPAN

Tokio
Mehr Großstadtfeeling als in Japans Megacity geht nicht.

Heiße Quellen
Ideal nach einer Stadtbesichtigung: ein paar Stunden im Onsen und man fühlt sich wie neugeboren.

Raus in die Natur!
Mit ein bisschen Zeit kann man in das ländliche Japan eintauchen, auf alten Pilgerwegen wandern und die phantastische Naturvielfalt des kleinen Landes entdecken.

www.dumontreise.de

NORDSEEKÜSTE SCHLESWIG-HOLSTEIN

Platt ist das Land
In Dithmarschen, auf der Eiderstedter Halbinsel, in Nordfriesland, auf Sylt, Amrum und Föhr, auf Pellworm, Nordstrand und natürlich auf den Halligen.

Genussmomente am Meer
Ein kaltes Bier mit den Füßen im warmen Sand, deftiger Pannfisch in den Dünen, ein Cocktail zum Sunset am Kliff – die schönsten Locations für Genussmomente.

LIEFERBARE AUSGABEN

DEUTSCHLAND
207 Allgäu
216 Altmühltal
220 Bayerischer Wald
180 Berlin
162 Bodensee
217 Brandenburg
175 Chiemgau, Berchtesg. Land
237 Dresden, Sächsische Schweiz
152 Eifel, Aachen
157 Elbe und Weser, Bremen
168 Franken
020 Frankfurt, Rhein-Main
112 Freiburg, Basel, Colmar
231 Hamburg
026 Hannover zw. Harz und Heide
042 Harz
023 Leipzig, Halle, Magdeburg
210 Lüneburger Heide
188 Mecklenburgische Seen
038 Mecklenburg-Vorpommern
033 Mosel
190 München
047 Münsterland
223 Nordseeküste Schleswig-Holstein
006 Oberbayern
161 Odenwald, Heidelberg
035 Osnabrücker Land
002 Ostfriesland
164 Ostseeküste Mecklenburg-Vorpommern
154 Ostseeküste Schleswig-Holstein
201 Pfalz
040 Rhein zw. Köln und Mainz
185 Rhön
186 Rügen, Usedom, Hiddensee
206 Ruhrgebiet
149 Saarland
182 Sachsen
159 Schwarzwald Norden
045 Schwarzwald Süden
018 Spreewald, Lausitz
008 Stuttgart, Schwäbische Alb
239 Sylt, Amrum, Föhr
204 Teutoburger Wald
170 Thüringen
037 Weserbergland

BENELUX
156 Amsterdam
011 Flandern, Brüssel
179 Niederlande

FRANKREICH
177 Bretagne
021 Côte d'Azur
032 Elsass
228 Frankreich Südwesten Okzitanien
240 Französische Atlantikküste
019 Korsika
213 Normandie
235 Paris
198 Provence

GROSSBRITANNIEN/ IRLAND
187 Irland
202 London
189 Schottland
227 Südengland

ITALIEN/MALTA/ KROATIEN
181 Apulien, Kalabrien
211 Gardasee
222 Golf von Neapel, Kampanien
163 Istrien, Kvarner Bucht
215 Italien, Norden
233 Kroatische Adria
167 Malta
155 Oberitalienische Seen
158 Piemont, Turin
014 Rom
165 Sardinien
003 Sizilien
203 Südtirol
039 Toskana
232 Venedig, Venetien

GRIECHENLAND/ ZYPERN/TÜRKEI
034 Istanbul
016 Kreta
176 Türkische Südküste, Antalya
229 Zypern

MITTEL- UND OSTEUROPA
236 Baltikum
208 Danzig, Ostsee, Masuren
169 Krakau, Breslau, Polen Süden
044 Prag
193 St. Petersburg

ÖSTERREICH/ SCHWEIZ
192 Kärnten
004 Salzburger Land
196 Schweiz
226 Tirol
197 Wien

SPANIEN/PORTUGAL
043 Algarve
214 Andalusien
150 Barcelona
025 Gran Canaria, Fuerteventura, Lanzarote
172 Kanarische Inseln
199 Lissabon
209 Madeira
174 Mallorca
225 Porto, Portugal Norden
241 Spanien Norden, Jakobsweg
219 Teneriffa, La Palma, La Gomera, El Hierro

SKANDINAVIEN/ NORDEUROPA
166 Dänemark
212 Finnland
153 Hurtigruten
029 Island
200 Norwegen Norden
178 Norwegen Süden
151 Schweden Süden, Stockholm

LÄNDERÜBERGREIFENDE BÄNDE
224 Donau – Von der Quelle bis zur Mündung
112 Freiburg, Basel, Colmar
221 Kreuzfahrt auf der Ostsee

AUSSEREUROPÄISCHE ZIELE
183 Australien Osten, Sydney
109 Australien Süden, Westen
218 Bali, Lombok
195 Costa Rica
234 Dubai, Abu Dhabi, VAE
160 Florida
205 Iran
027 Israel, Palästina
242 Japan
230 Kalifornien
031 Kanada Osten
191 Kanada Westen
171 Kuba
238 Marokko
022 Namibia
194 Neuseeland
041 New York Saudi-Arabien
184 Sri Lanka
048 Südafrika
012 Thailand
046 Vietnam